소선지서 강해설교

하박국

하나님은 왜 악을 허용하시는가?

소선지서 강해설교

하박국

하나님은 왜 악을 허용하시는가?

김서택 지음

홍성사.

머리말

의인은 그 믿음으로 살리라

하박국서는 하나님의 백성들이 가장 이해하기 힘든 문제를 다루고 있습니다. 그것은 현실세계에서 왜 악이 승리하느냐 하는 문제입니다.

우리 그리스도인들은 하나님이 이 세상을 통치하고 계신다는 것과 우리가 믿음으로 모든 악을 이기고 승리한다는 것을 믿습니다. 그러나 오히려 악이 승리하고 우리의 믿음과 기도는 실패로 돌아간 것처럼 보일 때가 있습니다. 그럴 때 우리는 큰 혼동에 빠집니다. '과연 악이 승리하는 세상도 하나님이 다스리신다고 말할 수 있을까? 과연 하나님은 절대적인 능력을 가지고 계신 분일까? 우리의 믿음은 헛된 것이 아닐까?' 하는 의문이 떠오릅니다.

그러나 아무리 온 세상을 자기 손에 넣고 마음대로 주무르던 악한 자도 결국은 망하게 되며, 우리는 그것을 보면서 다시 한 번 하나님의 살아 계심과 능력을 체험하게 됩니다. 그렇기 때문에 설사 우리의 믿음이 실패하고 기도의 응답이 나타나지 않으며 악이 지배하는 것 같은 상황이 계속될 때에도 끝까지 믿음으로 살아야 하는 것입니다.

하박국서는 '하나님은 왜 악을 허용하시는가?' 라는 질문으로 시작됩니다. 그 답은 '그럼에도 불구하고 의인은 믿음으로 살아야 한다' 는 것입니다. 요즘처럼 어려운 때, 이 말씀을 붙들고 끝까지 하나님의 의로우심과 신실하심을 믿으며 인내하는 믿음의 형제 자매들이 되시기 바랍니다.

이 부족한 설교집을 책으로 출판해 주신 홍성사 모든 식구들에게 감사드립니다.

2004년 10월

대구 수성교 옆에서

김서택

차 례

■ 일러두기

1. 이 책은 2001년 8월부터 9월까지 대구 동부교회에서 설교한 내용을 정리한 것입니다.
2. 본문에 인용된 성경구절의 문장부호는 *New International Version*을 참고로, 편집자가 첨부한 것입니다.

1

하나님은 왜 악을 허용하시는가?

하박국 1:1-4

[1:1] 선지자 하박국의 묵시로 받은 경고라.
[2] 여호와여, 내가 부르짖어도 주께서 듣지 아니하시니 어느 때까지리이까? 내가 강포를 인하여 외쳐도 주께서 구원치 아니하시나이다.
[3] 어찌하여 나로 간악을 보게 하시며 패역을 목도하게 하시나이까? 대저 겁탈과 강포가 내 앞에 있고 변론과 분쟁이 일어났나이다.
[4] 이러므로 율법이 해이하고 공의가 아주 시행되지 못하오니 이는 악인이 의인을 에워쌌으므로 공의가 굽게 행함이니이다.

1:1-4

우리는 세상이 참 공평치 못하다는 생각을 할 때가 가끔 있습니다. 그래도 양심적으로 살고자 애쓰는 사람들은 일이 잘 풀리지 않는데, 무지한 폭력과 공갈을 일삼는 사람들은 오히려 출세하는 것을 볼 때 그렇습니다.

하나님을 믿는 사람과 믿지 않는 사람은 세상을 보는 눈이 근본적으로 다릅니다. 신앙 없는 사람은 힘의 원리가 세상을 지배한다고 생각하기 때문에 강자가 약자를 지배하며 다스리는 것을 당연시하며, 폭력이나 거짓이 동원되어도 그리 놀라지 않습니다. 그러나 하나님을 믿는 사람들은 그렇게 쉽게 넘어갈 수가 없습니다. 우리는 하나님이 엄연히 살아 계시며 세상에서 일어나는 모든 일을 보고 계심을 믿습니다. 성경은 심지어 참새 한 마리도 하나님의 허락 없이는 떨어지지 않는다고 말하고 있습니다. 그런데 그 하나님께서 선한 사람을 어려움 가운데 방치하시고 그들의 기도에 응답하시지 않는 것처럼 보일 때, 또 뻔뻔하게 죄짓는 자들을 심판하시지 않는 것처럼 보일 때, 우리는 신앙적인 혼란에 빠져 버립니다.

하나님을 만난다는 것은 인생을 완전히 새로이 시작하는 놀라운 경험입니다. 마치 앞을 보지 못하던 사람이 눈을 뜬 것과 같습니다. 세상이 마냥 아름답게 보이고, 교회에도 천사들만 모여 있는 것 같습니다. 그러나 그런 기쁨과 감동은 얼마 가지 않아 시들기 시작합니다. 그렇게 아름다워 보였던 세상, 풀잎 하나 돌 한 개까지 새로워 보였던 세상에 악이 설치는 것을 볼 때, 그렇게 천사 같아 보였던 교회 사람들이 서로 욕하며 싸우는 것을 볼 때, 착한 사람들이 악한 사람들보다 더 어려움 겪는 것을 볼 때, 마음에 실망이 찾아오면서 신앙이 뿌리부터 흔들리기 시작합니다. '하나님이 정말 세상을 다스리신다면 어떻게 이렇게 악한 사람들이 설칠 수 있으며, 믿음을 가지고 착하게 살려고 하는 사람들이 어려움을 겪을 수 있을까? 이런 사람들의 기도에 응답하지도 않으시고 돕지도 않으시는 하나님을 과연 믿어도 될까?' 하는 의문이 고개를 듭니다. 그동안 우리가 가졌던 신앙은 인과응보의 신앙으로서, 착한 일을 한 사람은 복을 받고 나쁜 일을 한 사람은 벌을 받는다는 것입니다. 그런데 착한 일을 한 사람은 계속 어려움을 당하고 나쁜 일을 한 사람은 오히려 잘될 때, 기존의 신앙공식이 통째로 무너지기 시작합니다.

우리 모든 그리스도인들이 씨름하는 문제, 해결해야 할 문제가 바로 이것입니다. 오늘날 그토록 많은 젊은이들이 교회를 떠나는 이유가 무엇입니까? 기독교도 좋고, 사랑도 좋고, 희생도 좋고, 찬송도 좋습니다. 그러나 세상에서 통하지 않는 진리가 무슨 소용이 있습니까? 이렇게 힘없는 진리보다는 차라리 힘 있는 악이 낫지 않습니까? 이 고민이 풀리지 않으니까 교회를 떠나는 것입니다.

하박국서는 바로 이 문제를 다루고 있습니다. 왜 하나님은 의로운 자들의 기도를 듣지 않고 외면하십니까? 왜 세상을 의롭게 다스리시지 않습니까? 왜 악을 허용하십니까?

그 당시의 상황

하박국이 살았던 시대에 대해 알아보려면 하박국서 내부의 증거들을 살펴보아야 합니다. 하박국의 절망에 찬 기도는 그가 예언하던 당시 상황을 잘 보여 주고 있습니다. 그 당시는 유다의 마지막 등불 요시야가 죽고 완전히 무질서와 혼란에 빠져 있던 시기였습니다. 왕도 애굽 왕이나 바벨론 왕이 제멋대로 세웠습니다. 그래서 하박국서는 다른 선지서들과 달리 어느 왕 때부터 어느 왕 때까지 예언했다는 언급이 없습니다. 유다에는 진정한 의미의 왕이 없었기 때문입니다. 요시야의 죽음과 함께 유다에는 왕이 사라져 버렸습니다. 유다라는 거대한 배는 서서히 바다 속으로 침몰하고 있었습니다. 하박국은 그처럼 절망적이고 긴급한 시기에 말씀을 전한 선지자였습니다.

유다는 바벨론에 멸망당하기 전에 앗수르에게 많은 고통을 받았습니다. 이사야의 말대로 머리끝부터 발끝까지 성한 데가 없을 정도였습니다. 이 정도로 만신창이가 되었으면 백성들이 정신을 차리고 한마음으로 나라를 지켜야 할 텐데, 아무도 그런 생각을 하지 않았을 뿐 아니라 오히려 더 악하고 사치하고 방탕하게 살았습니다.

요시야는 유다에 마지막 부흥의 불길을 일으킨 왕이었습니다.

그런데 안타깝게도 얼토당토않은 일로 죽고 말았습니다. 애굽과 앗수르의 싸움에 억지로 개입했다가 므깃도에서 전사해 버린 것입니다. 이 전투 이후 유다는 걷잡을 수 없는 혼란으로 곤두박질치게 됩니다.

하박국 선지자는 아무리 하나님의 말씀을 외치고 불의를 지적해도 요동조차 하지 않는 예루살렘 사람들을 보면서 하나님께 질문하고 또 질문합니다. 그는 정의가 무엇인지 일깨워 주기만 하면 백성들이 금방 동조해서 나라가 새로워지리라 기대했던 것 같습니다. 그러나 현실은 전혀 달랐습니다. 마치 계란으로 바위를 치듯이 아무 효과도 나타나지 않은 것입니다.

1장 1절을 보십시오. "선지자 하박국의 묵시로 받은 경고라." 여기에서 "묵시로 받은 경고"란 환상 가운데서 보거나 들은 하나님의 말씀이라는 뜻입니다. 즉, 이것은 하박국 개인의 희망사항이 아니라는 것입니다.

선지자들도 사람이기 때문에 개인적인 희망사항이나 소원이 있을 수 있습니다. 예를 들어 사무엘하 7장에는 나단 선지자의 희망사항이 나오고 있습니다. 다윗이 하나님의 성전을 건축하려는 의사를 밝혔을 때, 나단은 크게 찬성했습니다. 그 일 자체가 좋은 것이었고, 다윗도 정직하고 능력 있는 왕이었기 때문입니다. 그러나 그것은 선지자의 희망사항이었을 뿐, 하나님의 생각은 아니었습니다. 하나님은 "왜 네 마음대로 이야기하느냐? 다윗은 나를 위해 성전을 지을 수 없다. 오히려 내가 다윗의 집을 지어 줄 것이며, 내 성전은 그의 몸에서 날 아들이 지을 것이다"라고 말씀하셨습니다.

하나님의 말씀을 받는 사람은 그 말씀에 압도되게 마련입니다.

그들이 말씀을 붙드는 것이 아니라 말씀이 그들을 붙듭니다. 그렇기 때문에 하나님의 말씀을 듣고서도 전하지 않는다는 것은 전혀 불가능한 일입니다. 1절에 나오는 "경고"라는 말에는 '무거운 짐'이라는 뜻이 들어 있습니다. 희망사항과 경고는 다른 것입니다. 우리는 자신의 희망사항을 하나님의 뜻으로 생각할 때가 많습니다. 그러나 그런 희망사항은 '무거운 짐'으로 다가오지 않습니다. 반면에, 하나님의 말씀을 받은 사람은 그 말씀을 전하지 않으면 죽을 것 같은 무거운 부담감에 짓눌리게 됩니다. 그것은 전해도 그만 전하지 않아도 그만인 말씀이 아니라, 반드시 전해야만 하는 말씀입니다. 왜냐하면 그 안에는 영혼을 살리고 죽이는 내용이 들어 있기 때문입니다. 그래서 하박국은 모든 사람이 반드시 이 말씀을 들어야 하며, 그것도 마음을 다해서 들어야 한다는 뜻에서 "경고"라는 단어를 쓰고 있습니다.

그런데 놀랍게도 하박국서는 선지자의 불평에 가까운 질문으로 시작됩니다. 선지자가 말씀을 잘 받아서 백성에게 전하기는커녕 자신도 하나님의 뜻이 이해되지 않아서 질문을 던지고 있는 것입니다. 이런 것도 과연 하나님의 계시라고 할 수 있습니까?

사실은 이것이야말로 하나님 말씀의 특징입니다. 하나님의 말씀은 허공에 외치는 공허한 이론이 아닙니다. 현실 속에서 고민하고 갈등하고 몸부림치는 백성들에게 선포되는 구체적인 말씀입니다. 그렇기 때문에 하나님의 뜻을 몰라서 고민하고 갈등하는 모습까지 그 메시지 속에 포함되는 것입니다. 하나님의 말씀은 우리가 그 뜻을 몰라서 몸부림치며 갈등할 때, 오랫동안 기도했는데도 응답이 오지 않아서 과연 계속 기도해야 하는지 말아야 하는지 의심할 때, 신앙이 뿌리째 흔들리기 시작하는 때를 전부 포괄합니다. 하나님의 말씀은 듣기 좋은 격언이나 위대한 교훈이 아닙니다. 이처럼 구체적인 상황에 처한 백성들에게 주시는 가르침입니다. 그렇기 때문에 비슷한 상황에 맞닥뜨리는 모든 성도들에게도 같은 방식으로 적용될 수 있습니다.

오늘날 우리의 상황은 하박국 당시의 상황과 아주 비슷합니다. '대한민국'이라는 이 배가 어디로 떠내려가고 있는지 아는 사람이 아무도 없습니다. 이럴 때일수록 사람들이 정신을 차리고 서로 힘을 합쳐야 하는데, 현실은 그렇지가 못합니다. 사람들은 더 사치하고 방탕하고 불의하게 살고 있습니다. 그래도 예전에는 혼자 예배당 구석이나 청년부실에서 머리 쥐어뜯어 가면서, 짐승 소리로 울부짖어 가면서 기도하는 젊은이들이라도 있었는데, 요즘은 그렇게 고민하는 사람조차 사라지고 있습니다. 점점 더 많은 이들이 자포자기에 빠져 침몰하는 배 안에서 포도주나 마시고 음악이나 들으면서 하염없이 떠내려가고 있습니다.

이럴 때 우리는 어떻게 해야 할까요? 물론 기도해야 합니다. 그러나 하박국은 아무리 기도해도 하나님이 응답하시지 않는 것 같다고 하소연합니다. 그는 예루살렘이 비참한 멸망을 당하기 전에 회개하게 되기를 기도했습니다. 그러나 그의 기도에도 불구하고 예루살렘은 점점 더 타락해서 결국 바벨론에 함락당하고 맙니다.

응답하시지 않는 하나님

하박국 선지자는 무엇보다 먼저 하나님이 왜 자신의 기도에 응답하시지 않는지 고민하며 항의합니다. "여호와여, 내가 부르짖어도 주께서 듣지 아니하시니 어느 때까지리이까?"(1:2상).

이 하소연은 우리를 당황케 합니다. '우리가 아예 기도하지 않아서 그렇지, 기도하기만 하면 하나님은 들어주신다'라는 것이 일반적인 생각이기 때문입니다. 그러나 하박국은 하나님이 자신의 부르짖는 기도에 응답하시지 않는다고 항의하고 있습니다. "어느 때까지리이까?"라는 말을 보면, 그가 상당히 오랫동안 이 문제를 놓고 부르짖어 왔다는 사실을 알 수 있습니다.

우리도 그럴 때가 있습니다. 하늘이 꽉 막힌 듯한 느낌이 들 때가 있습니다. 예수님은 "내가 온 것은 양으로 생명을 얻게 하고 더 풍성히 얻게 하려는 것"(요 10:10)이라고 말씀하셨는데 나는 전혀 풍성하지 않을 때, 하늘은 쇠가 되고 땅은 놋이 된다는 구약성경의 표현처럼 아무리 부르짖어도 변화가 없을 때가 있습니다. 은혜를 간절히 사모해서 오래오래 기도했는데도 하나님이 일부러 외면하시는 것처럼 은혜가 임하지 않을 때가 있습니다. 그럴 때는 마치 솥 속에 들어앉아서 부르짖는 것 같습니다. 뚜껑 닫힌 솥 속에 들어앉아 소리질러 봐야 누가 들어주겠습니까?

그리스도인들은 미래지향적인 사람들이어서, 지금 형편이 아무리 어려워도 미래의 비전만 보이면 견뎌 낼 수가 있습니다. 그런데 하나님이 아무 비전도 제시해 주지 않으실 때, 몇 년이 지나도록 감감무소식일 때, 도대체 언제까지 기다려야 하는지조차 알 수 없을 때, 차라리 굶어 죽었으면 좋겠는데 굶어 죽게 하시지도 않으면서 솥과 솥뚜껑 사이에 꽉 끼어 있는 듯 숨 막히게 살게 하실 때, 하박국처럼 "어느 때까지리이까?"라는 외침이 터져 나옵니다.

교회적으로도 그럴 때가 있습니다. 너무 오랫동안 말씀다운 말씀을 듣지 못해서 "우리 교회에도 성령의 역사가 일어나게 해 주십시오. 우리 교회에도 뜨거운 눈물의 기도가 터지게 해 주십시오. 복음의 역사가 넘치게 해 주십시오"라고 간절히 기도했는데, 복음의 역사가 넘치기는커녕 점점 더 상황이 악화될 때 "하나님, 도대체 언제까지 기다려야 합니까?"라는 외침이 절로 터져 나옵니다.

기도하기가 왜 어렵습니까? 하나님이 눈에 보이지 않기 때문입니다. 사람은 눈에 보이기도 하고 서로 말을 주고받기도 하니까 대화하기가 쉽습니다. 그런데 하나님은 보이지도 않고 말도 나 혼자만 해야 하니까 계속 기도하기가 쉽지 않습니다. 하나님이 내 말을 들으시는지 안 들으시는지 어떻게 알겠습니까? 게다가 몇 년씩 응답조차 없을 때 계속 기도할 힘이 나겠습니까?

기도는 하나님의 말씀에 대한 반응으로 나오는 것입니다. 하나님은 자기 감정을 여과 없이 쏟아 놓는 것을 기뻐하시지 않습니다. 물론 큰 고통이 있을 때에는 감정을 마구 쏟아 놓게 하시기도 하지만, 근본적으로 기도는 하나님의 말씀에 대한 반응이어야 합니다.

사람이 대화할 때에는 서로 눈을 보는 것이 중요합니다. 학교 다닐 때 유명한 문인을 초청해서 강연을 들은 적이 있었는데 갑자기 정전이 되는 바람에 캄캄한 상태에서 강연을 진행해야 했습니다. 그 문인은 불이 들어온 후 "컴컴한 데서 말하기가 왜 이렇게 힘드냐"며 한숨을 쉬었습니다.

우리도 기도할 때 그렇지 않습니까? 컴컴한 데서 혼자서만 이야기하는 것 같지 않습니까? 그런데 우리가 하나님의 눈을 보면서 말할 수 있는 방법이 한 가지 있습니다. 그것이 바로 깨달은 말씀을 붙들고 기도하는 것입니다. 그러면 하나님의 눈을 보면서 기도할 수 있습니다.

예수님은 제자들에게 기도를 가르치시면서 하나님을 "하늘에 계신 우리 아버지여"라고 부르라고 하셨습니다. 이 짧은 말 속에는 아주 중요한 의미가 들어 있습니다. 하나님은 하늘에 계신 아버지십니다. 이 땅에 있는 아버지가 아닙니다.

여기에서 "하늘"은 무엇을 나타낼까요? 우리가 접근할 수 없는 영광을 나타냅니다. 우리는 하늘에 올라갈 수 없습니다. 하늘은 우리가 감히 가까이 갈 수 없는 곳입니다. 하나님께는 뇌물이 통하지 않습니다. 이른바 '사바사바'가 통하지 않습니다. 또한 이 세상이 아무리 소란스러워도 하나님께는 전혀 위협이 되지 않습니다. 우리는 주변 사람들이 조금만 격분해서 소리를 지르고 소란을 피워도 정신을 차리지 못합니다. 그리고 큰일들이 연이어 터지면 이성을 잃고 흥분하기도 합니다. 그러나 하나님은 이 땅에서 일어나는 일들에 전혀 영향을 받지 않으십니다. 마치 연못 안에 아무리 흙탕물이 일어나도 연못 밖에는 아무 영향도 끼치지 못하는 것과 같습니다. 그래서 위대한 믿음의 사람들은 하나님 앞까지 달려가기는 해도 함부로 입을 열지는 않았습니다. 하나님이 얼마나 크신 분인지 알았기 때문입니다.

우리 생각에는 하나님이 듣지 않으시는 것 같아도 사실은 다 듣고 계십니다. 기도 소리만 들으시는 것이 아니라 신음 소리까지 듣고 계십니다. 어떤 때는 너무 답답해서 기도가 잘 나오지 않습니다. 그래서 "어휴, 어휴" 하고 끙끙 앓기만 합니다. 하나님은 그 소리까지 다 들으신다는 것입니다. 그런데 왜 침묵을 지키십니까?

그때가 어두움의 때이기 때문이며, 하나님이 정해 놓으신 환난의 때이기 때문입니다. 그럴 때에는 기도한다고 해서 곧바로 응답해 주시지 않습니다. 우리를 온전케 하기 위해 일시적으로 악한 자의 손에 맡기셨을 때에는 우리의 신음 소리를 다 들으면서도 응답해 주시지 않습니다.

예를 들어 아이가 수술을 받을 때 부모들이 어떻게 합니까? 아이가 아무리 울면서 떨어지지 않으려고 해도 억지로 떼어서 의사의 손에 맡겨 버립니다. 그렇게 하지 않으면 병을 고칠 수가 없기 때문입니다. 아이가 수술실에 있는 동안은 아무리 울어도, 기절을 해도, 위급한 상태에 빠져도 부모는 밖에서 기다려야 합니다. 아들을 군대에 보낸 부모도 마찬가지입니다. 아들이 훈련을 받는 동안은 아무리 힘들다고 하소연해도 만날 수가 없습니다. 이처럼 하나님도 우리가 얼마나 힘들고 답답한지 다 알면서도 방치해 두실 때가 있습니다. 그래야 우리가 교만하고 거역하는 기질들을 수술 받고 변하여 새사람이 될 수 있기 때문입니다. 그 기간 동안에는 기도를 듣기는 하시되 응답하시지는 않습니다.

그 기간은 우리에게 회개의 기회가 됩니다. 아무리 기도해도 응답이 오지 않으니까 자꾸 자신을 돌아보며 생각나지 않는 죄까지 쥐어짜서 회개하게 되는 것입니다. 그러면 속에 있는 교만을 아주 조금 캐낼 수가 있습니다. 물론 나중에 보면 아직도 엄청나게 큰 덩어리가 남아 있음을 알게 됩니다. 교만은 그만큼 지독한 것입니다. 이렇게 솥단지 안에 가두어 놓고 달구고 또 달구어도 아주 조금밖에 사라지지 않습니다. 그런데 하나님은 그 조금 캐낸 것도 믿음으로 여기시고 서둘러 상처를 덮으시고 회복시켜 주십니다. 하나님이 이렇게 우리가 다 녹아 없어지기 전에 꺼내서 사용해 주시니까 그렇지, 교만이 완전히 뿌리 뽑힐 정도로 연단하신다면 우리 중 아무도 살아남지 못할 것입니다. 우리는 이것이 은혜임을 알아야 하며, 그럼에도 여전히 우리 안에 교만의 암세포 덩어리가 있음을 잊지 말아야 합니다.

어려움은 계속되고 하나님의 응답은 오지 않을 때 우리는 자꾸 독백하는 것 같고, 하나님의 뜻도 모르면서 혼자서만 지껄이는 것 같다는 생각을 하기 쉽습니다. 하나님의 뜻을 아예 모를 때에는 차라리 기도하기가 쉬웠습니다. 그런데 하나님의 뜻을 알아가면 알아 갈수록 기도하기가 힘들어집니다. 왜 그렇습니까? 과거에 하나님의 뜻으로 확신했던 것들 중에 나의 주관적인 확신이 많았다는 것을 깨닫기 때문입니다. 그런데도 과연 계속 기도해야 합니까?

하나님은 그럼에도 불구하고 우리가 계속 기도하는 것을 기뻐하십니다. 사실 그럴 때 기도하지 않고 달리 무엇을 하겠습니까? 고스톱을 치겠습니까? 놀러 다니겠습니까? 어려울 때일수록, 응답이 없을수록 우리는 더 기도해야 합니다. 내 머리 자꾸 굴려 봐야 아무 소용이 없습니다. 하나님 앞으로 나아가야 합니다. 별다른 응답이 없어도 그렇게 기도하는 것 자체가 응답이 될 때가 많습니다.

물론 하나님과 대화하면서 기도할 수 있다면 좋을 것입니다. 그러나 이 땅에 사는 우리는 그럴 처지가 못 됩니다. 왜냐하면 우리는 하나님과 너무나 다른 위치에 있기 때문입니다. 만약 하나님이 우리와 직접 대화를 나누신다면 우리는 스스로 생각하기를 포기하고 그 음성만을 미신적으로 추구하게 될 것입니다. 우리가 하나님과 얼굴을 맞대고 대화하는 것은 이 세상에서 할 일이 아니라 부활의 몸을 얻고 나서 할 일입니다. 이 땅에서는 독백처럼 느껴지더라도 스스로 하나님의 뜻을 헤아려 가며 기도하는 수밖에 없습니다. 하나님은 그 기도를 아주 소중하게 들으십니다. 대화의 형태가 아니더라도 하나님이 우리의 기도를 들으시는 데에는 아무 문제가 없습니다.

아무리 어두움의 때요 환난의 때라 해도 기도의 응답만 지연될 뿐, 기도가 아주 응답되지 않는 것은 아니라는 점을 기억하십시오. 하나님의 때가 되면 소나기 같은 응답이 쏟아질 것입니다.

하박국의 의문

앞서 말했듯이 하박국서의 특징은 선지자가 일방적으로 하나님의 뜻을 가르치는 것이 아니라, 오히려 하나님의 일에 의문을 품고 질문을 던지는 내용으로 시작된다는 점입니다. 여기에는 이것이 하박국 혼자만의 의문이 아니라, 하나님 앞에서 경건하게 살고자 하는 사람이라면 누구나 부딪치는 의문이라는 뜻이 담겨 있습니다.

2절 하반절을 보십시오. "내가 강포를 인하여 외쳐도 주께서 구원치 아니하시나이다."

"강포를 인하여 외쳐도"라는 구절은 히브리 성경에 "강포!"라고 되어 있습니다. 하박국은 예루살렘에서 악한 자가 폭력을 휘둘러 약한 자들을 강탈하는 모습을 보았습니다. 그는 참을 수가 없어서 "강포다!", "불법이다!"라고 외치며 누군가 나서서 도와주기를 기대했습니다. 그러나 이 의로운 호소에 귀를 기울이는 사람은 아무도 없었습니다. 그는 사람들이 죄가 나쁜 줄 몰라서 죄를 짓는다고 생각했지만, 죄를 지적해 주어도 사람들은 변함없이 강포를 행하고 불법을 행했습니다. 죄가 나쁘다는 것을 몰라서 죄짓는 사람은 아무도 없었습니다. 알면서도, 지적을 받으면서도 악을 행했습니다. 하박국은 이처럼 죄가 인간의 본질적인 문제임을 몰랐습니다. 바른 말만 해 주면 고칠 줄 알았습니다.

3절을 보십시오. "어찌하여 나로 간악을 보게 하시며 패역을 목도하게 하시나이까? 대저 겁탈과 강포가 내 앞에 있고 변론과 분쟁이 일어났나이다".

선지자가 "강포다!", "불법이다!"라고 외치면 무슨 변화가 있어야 할 것 아닙니까? 선지자가 억울한 일을 당한 사람들을 위해서 기도하면 누구라도 그들을 구출해 주러 나서야 할 것 아닙니까? 그런데 아무런 변화도 없었습니다. 하박국은 고민에 빠졌습니다. '이 세상은 하나님이 다스리시는 곳이고 예루살렘은 하나님의 교회가 아닌가? 하나님의 허락 없이는 참새 한 마리도 땅에 떨어지지 않는 것 아닌가? 그런데 어떻게 바른 지적을 했는데도 이처럼 불법이 날뛰는 것인가? 하나님은 왜 악을 허용하시는가?'

이것은 책상 앞에서는 느낄 수 없는 의문입니다. 고통당하는 자들의 현실 속으로 들어가야 합니다. 그들의 비참한 모습을 직접 보면 마음속에 견딜 수 없는 분노가 치밀어 오릅니다. 운동권 학생들이 처음부터 운동권이었던 것이 아닙니다. 처음에는 전부 공부밖에 모르는 착실한 학생들이었습니다. 그런데 엄청난 현실의 모순을 보면서 눈이 뒤집힌 것입니다. 그들이 가장 싫어하는 대상이 바로 하나님입니다. 하나님이 계시다면 사람들을 이처럼 비참하게 죽어 가도록 내버려 둘 수가 없다는 것입니다.

전쟁의 현장에 가 보십시오. 우리가 보기에 악한 일과는 전혀 상관없는 사람들이 학살당하거나 굶어 죽습니다. 엄청난 기근이나 홍수의 현장에 가도 마찬가지입니다. 하나님을 모르는 사람들이라면 그저 운명으로 생각하고 체념할지도 모릅니다. 그러나 하나님의 백성들은 그렇게 체념하고 넘어갈 수가 없습니다. 도대체 왜 선량한 사람들에게 이런 일이 일어나게 하시는가, 왜 하나님은 이들을 지켜주지 않으시는가 하는 의문이 솟구칩니다.

정직하게 살고자 하는 그리스도인들이라면 누구나 이런 의문에 부딪치게 되어 있습니다. 이 의문을 극복한 사람은 마치 독수리가 날개를 치며 올라가는 것처럼 더 뜨겁고 통찰력 있는 신앙, 미래를 내다보는 신앙을 갖게 되지만, 이 의문을 해결하지 못한 사람은 신앙을 버리든지 속물 그리스도인으로 변질되어 버립니다. 그런 고민을 하는 사람들을 보아도 "어릴 때는 다 그런 거야" 하면서 빈정거리게 됩니다.

남이 고통당하는 것을 볼 때보다 자기에게 이유 없는 고통이 닥칠 때 이 의문은 더 심각해집니다. 우리 가족 중에 한 사람이, 그것도 신앙생활 잘 하는 누나가 새벽기도회 다녀오다가 뺑소니 트럭에 치여 식물인간이 되었다면, 그 입에서 과연 어떤 말이 나오겠습니까? "하나님, 누나 안 지켜 주시고 뭐 하셨습니까? 카바레에서 춤추고 나오다가 차에 치였다면 제가 말도 안 합니다. 새벽기도회 다녀오다가 트럭에 치였다는 게 말이 됩니까? 대체 당신은 어디 계신 겁니까? 이래도 내가 당신을 믿어야 합니까?"라는 항의가 절로 나오지 않겠습니까?

하나님은 왜 이 세상에 악을 허용하시며 악한 세력이 약한 자들을 비참하게 망치도록 내버려 두시는 것일까요? 우리는 그 이유를 알지 못합니다. 그 일을 당한 즉시에는 더더욱 알지 못합니다. 그 모든 것을 이해하려면 상당한 시간이 필요합니다.

오늘날 사람들은 모두 치료받기를 원합니다. 그러나 겉으로 나타난 증세만 완화되기를 바랄 뿐, 근본적인 치료는 원하지 않습니다. 때로는 진통제도 필요합니다. 그러나 그것은 진정한 치료로 나아가기 위한 준비단계이지, 그 자체가 치료의 전부는 아닙니다. 직장 문제나 집안 문제나 자녀 문제나 건강 문제를 들고 와서 단번에 해결받기를 바라는 사람들이 많이 있습니다. 10년, 20년 누적된 문제들이 단 한 번의 설교나 기도로 풀리기를 바라는 것입니다. 그러면서도 정작 근본적인 삶의 태도는 바꾸려 들지 않습니다. 증세만 사라지기를 바라지, 진정한 치료를 원치 않습니다. 그러나 그런 것은 해결이 아니라 마술입니다. 하나님은 그런 마술을 부리시지 않습니다.

하나님은 억장이 무너지는 불의, 이해할 수 없는 억울한 일들을 통해 우리 속에 있는 죄덩어리를 보여 주십니다. 이런 어처구니없는 일들도 우리 속에 있는 죄덩어리에 비하면 표면적인 증상에 불과하다는 것을 보여 주십니다. 사람은 이론적으로 아무리 죄를 설명해 주어도 이해하지 못합니다. 그 가공할 실재를 직접 보고 겪어야 비로소 그 추악함과 난폭함에 치를 떨게 됩니다.

이처럼 하나님은 근본적인 죄의 문제를 치료하기 원하시지만, 사람들은 죄는 해결하지 않은 채 그냥 행복해지기만을 원합니다. "우리에게 너무 고통을 주지 마세요. 우리를 너무 절망시키지 마세요. 진통제만 주어서 우리 방식대로 행복하게 살게 해 주세요"라는 것이 인간의 요구입니다. 그러나 하나님은 "아니, 십자가에 못 박힌 예수 그리스도에게 너희의 모든 것을 맡겨서 죄를 치료받아야 풍성한 삶이 이루어지는 것이지, 그런 가벼운 처방으로는 너희 불행이 해결되지 않는다"는 것을 보여 주고자 하십니다.

지난날 우리 사회는 군사독재 치하에서 많은 고통을 받았습니다. 그런데 그 군사독재가 끝나고 민주투쟁에 앞장섰던 분들이 대통령이 되었는데도 우리 사회의 모순과 고통은 해결되지 않았습니다. 무슨 뜻입니까? 정치적인 민주주의로는 근본적인 문제가 해결되지 않는다는 것입니다. 우리 사회의 문제는 세제를 개혁하거나 제도를 새로 만들어서 해결할 수 있는 성질의 것이 아닙니다. 우리 속에는 세상 사람들보다 좀더 많이 차지하고 좀더 높은 자리를 확보함으로써 행복해지려는 마음이 있습니다. 그렇기 때문에 우리 사회의 어려움들이 해결되지 않는 것입니다.

복음 외에는 우리 사회의 문제를 해결할 방법이 없습니다. 우리 자신부터 그것을 믿어야 합니다. 안 믿는 사람들과 자꾸 비교하면서 '아, 나는 참 불행하다. 예수 믿는 거 빼고 가진 게 뭐가 있나?' 라고 생각하면 사회에 답을 제시할 수가 없습니다. 우리 자신부터 생각을 바꾸어야 합니다. '오늘 이 병든 사회를 치료할 수 있는 열쇠는 나에게 있다. 우리 가정, 우리 학교, 우리 직장의 문제를 해결할 열쇠는 나에게 있다' 는 확신을 가져야 합니다.

사실상 하박국 선지자는 인간의 모든 불의와 죄악의 근본적인 해결책으로 예수 그리스도를 제시하고 있습니다. 인간의 모든 불행에 대한 해답은 예수 그리스도 안에 있습니다. 그가 주시는 성령만이 우리의 삶을 하나님 앞에서 아름답게 만들 수 있으며, 세상의 불의와 재앙을 억제하실 수 있습니다.

법대로 하자는 논리

예루살렘에서 자행되는 불의를 보고 하박국이 항의한 내용이 무엇입니까? 왜 법대로 하지 않으시냐는 것입니다. "이러므로 율법이 해이하고 공의가 아주 시행되지 못하오니 이는 악인이 의인을 에워쌌으므로 공의가 굽게 행함이니이다"(1:4).

이스라엘에는 율법이 있으니 그 법대로 하시라는 것입니다. 죄지은 사람들을 색출해 내서 율법대로 심판하시면 사람들이 감히 죄를 짓겠느냐는 것입니다. 하나님이 법대로 심판하시지 않으니까 사람들이 율법을 우습게 여겨서 공의가 실현되지 않는다는 것입니다. 그래서 답답하다는 것입니다.

하박국은 율법이 엄격하게 시행되기를 원했습니다. 간음한 사람은 몇 명이든 돌로 다 쳐 죽이고 도둑질한 사람은 전부 손을 잘라 버리면 예루살렘이 다시 거룩한 도시가 되지 않겠느냐는 것입니다.

우리도 악을 행하는 사람을 볼 때 하나님이 즉각 징계하셔서 모든 이들에게 두려움을 주시기 바랄 때가 있습니다. 그러나 실제로는 악한 사람이 아무리 하나님을 우습게 알고 함부로 행해도 벌을 받지 않습니다. 그래서 그 사람이 스스로 옳다고 생각하여 더더욱 기세를 부리고 다른 사람들까지 거기 동조하는 모습을 볼 때, 우리는 하나님이 대체 무엇을 하고 계시는지 의심하지 않을 수가 없습니다.

우리나라도 법을 엄격하게 시행하지 않아서 부정부패가 만연한다고 생각하는 사람들이 있습니다. 싱가포르처럼 강도짓을 하거나 도둑질을 하거나 뇌물을 받은 사람들을 중형에 처한다면 감히 죄를 짓지 못할 것이라고 생각하는 것입니다. 그러나 그것은 잘못된 생각입니다. 법으로 범죄를 약간 저지하거나 그 속도를 지연시킬 수는 있습니다. 그러나 근본적인 죄의 문제는 해결할 수 없습니다. 벌을 엄중하게 줄수록 죄짓는 기술도 고도로 발달하게 되어 있습니다. 그래서 결국은 그 기술을 모르는 자들만 걸려들어 벌을 받게 됩니다. 아무리 죄지은 사람들을 많이 처형해도 죄는 없어지지 않습니다. 법은 죄를 깨닫게 할 뿐, 사람 자체를 바꾸지는 못합니다. 하박국은 그것을 몰랐습니다.

죄의 문제를 해결할 방법은 하나밖에 없습니다. 복음이 사람들의 마음속을 비추어서 그리스도의 십자가를 붙들게 해야 하는 것입니다. 성령이 오셔서 자신의 무서운 본성을 보게 하시고 그리스도의 십자가 앞으로 달려가게 하시지 않는 한, 이 사회의 악은 절대 없어지지도, 약해지지도 않을 것입니다.

하나님이 율법을 더 엄격하게 시행하셨다면 유다 백성들은 죄를 감추는 기술만 더 늘었을 것입니다. 그리고 더 많은 사람들이 분노 가운데 죽어 갔을 것입니다. 그래서 율법으로는 안 되는 것입니다. 율법이 참으로 영광스러워지는 때가 언제입니까? 그 가치를 알고 자발적으로 지키고자 하는 자들이 나타날 때입니다. 놀랍게도 율법이 존중되는 것은 유대교 안에서가 아니라 복음 안에서입니다. 그리스도인들은 율법을 소중하게 생각합니다. 왜냐하면 그것을 행할 의지와 힘이 생겼기 때문입니다. 율법은 복음 안에서 더 빛을 발하게 되어 있습니다.

오늘 본문이 우리에게 말씀하는 바가 무엇입니까? 인간의 문제는 피상적인 데 있지 않다는 것입니다. 우리는 인과응보의 법칙을 가지고 "왜 1+1=2가 아닙니까?"라고 질문하는데, 인간의 문제는 그렇게 피상적인 법칙으로 해결되지 않습니다. 우리가 지금 경험하는 고통들은 전부 표면적인 증상으로서, 그 뿌리는 좀더 근본적인 데 있습니다.

우리는 악한 자들이 죄짓는 것을 보고 분노합니다. 그러나 우리는 그 행동 자체가 아니라 그 행동을 낳은 뿌리를 보아야 합니다. 원인을 알지 못한 채 증상만 논하는 것은 진정한 문제 해결에 도움이 되지 않습니다. 유다 사회는 바벨론에 멸망을 당했으면서도 그 병을 고치지 못했습니다. 죄는 그만큼 무서운 것입니다.

사회의 엄청난 불의와 모순을 보면서 우리는 어떻게 해야 합니까? 신앙을 버려야 합니까? 세상과 타협해야 합니까? 예수님은 기도하라고 말씀하십니다. 그분이야말로 불의를 해결하는 전문가시기 때문입니다. 아무리 사람이 악해도 예수님은 그 악인을 꺾는 프로십니다. 이 세상의 모든 문제는 그리스도가 오셔야 비로소 해결될 수 있습니다. 도저히 해결되지 않을 것 같은 어려움의 현장에 예수 그리스도를 초청하십시오. 끝까지 타협하지 않고 인내하며 기도하면 그리스도께서 악의 세력을 뒤엎고 의로써 다스리시는 모습을 보게 될 것입니다.

사랑하는 성도 여러분, 우리에게는 굉장히 강력한 무기가 두 가지 있습니다. 하나는 예수의 십자가이고, 또 하나는 성령의 능력입니다. 이런 무기를 가진 우리가 세상에 마음을 빼앗겨서 '우리는 불행하다. 세상 사람들보다 못하다' 는 생각을 가진다면, 자신도 천국에 들어가지 않고 남도 들어가지 못하도록 막는 이중의 죄를 짓는 것입니다.

우리를 슬프게 만들고 나약하게 만들었던 여러 가지 현실적인 어려움들을 뚫고 독수리가 날개 치며 올라가는 것처럼 올라갈 수 있도록 담대한 믿음의 용기를 주시기를 기도합시다. 성령이 우리를 더 환하게 비추시고 이 땅을 더 환하게 비추셔서 더 많은 사람들이 자기 속에 있는 죄성을 보게 해 주시기를 기도합시다.

2

악한 나라

하박국 1:5-11

[1:5] 여호와께서 가라사대 "너희는 열국을 보고 또 보고 놀라고 또 놀랄지어다. 너희 생전에 내가 한 일을 행할 것이라. 혹이 너희에게 고할지라도 너희가 믿지 아니하리라.

[6] 보라, 내가 사납고 성급한 백성 곧 땅의 넓은 곳으로 다니며 자기의 소유 아닌 거할 곳들을 점령하는 갈대아 사람을 일으켰나니

[7] 그들은 두렵고 무서우며 심판과 위령이 자기로 말미암으며

[8] 그 말은 표범보다 빠르고 저녁 이리보다 사나우며 그 기병은 원방에서부터 빨리 달려오는 기병이라. 마치 식물을 움키려 하는 독수리의 날음과 같으니라.

[9] 그들은 다 강포를 행하러 오는데 앞을 향하여 나아가며 사람을 사로잡아 모으기를 모래같이 많이 할 것이요

[10] 열왕을 멸시하며 방백을 치소하며 모든 견고한 성을 비웃고 흉벽을 쌓아 그것을 취할 것이라.

[11] 그들은 그 힘으로 자기 신을 삼는 자라. 이에 바람같이 급히 몰아 지나치게 행하여 득죄하리라."

1:5-11

전에 교도소를 탈출해서 사회적으로 많은 물의를 일으킨 죄수가 있었습니다. 그는 자신이 어렸을 때 남의 물건을 훔치자 아버지가 경찰에 넘겨 소년원에 넣었다고 말했습니다. 아들로서는 끝까지 자신을 편들어 주고 보호해 줄 줄 알았던 아버지가 오히려 경찰의 손에 넘겨 버렸을 때 '세상에 믿을 사람 하나도 없다'는 배신감을 느꼈을 것입니다.

우리가 평소에 생각하는 하나님은 '좋으신 하나님'입니다. 내가 착할 때나 나쁠 때나 사랑해 주시고 지켜 주시며 언제나 좋은 것만 주시는 분입니다. 그런데 어느 날 갑자기 그 하나님이 나를 사랑하시지 않는 것처럼 보일 때, 나를 악한 자에게 송두리째 넘겨주시고 돌아보지 않는 것처럼 보일 때, 우리는 엄청난 충격과 배신감을 느끼게 됩니다.

우리는 평생에 한두 번은 이런 일을 겪습니다. "도대체 왜 이런 일이 나에게 일어나게 하시는가?"라는 원망이 절로 나오는 일을 겪습니다. 언제 그렇습니까? 눈앞에서 벌어지는 상황이 자신의 생각보다 훨씬 더 처참하고 심각할 때 그렇습니다. 우리도 사람이기 때문에 어느 정도 불행이나 고생은 겪을 것을 각오합니다. 그런데 자신이 각오한 것보다 훨씬 더 심각한 상황이 벌어질 때, 우리는 하나님의 사랑과 보호를 의심하게 됩니다.

그럴 때 떠오르는 의문이 무엇입니까? 하나님이 이렇게 나를 사랑하시지도 않고 지켜 주시지도 않는데, 과연 기도할 필요가 있느냐 하는 것입니다. 하나님이 이 모든 불행이 일어나도록 허용하셨다면, 과연 그 하나님에 대한 믿음을 계속 지킬 필요가 있느냐 하는 것입니다.

오늘 본문에서 하나님은 하박국 선지자의 말을 듣고 있는 유다 백성들에게 "앞으로 끔찍한 일이 일어날 텐데, 그들은 들어도 믿지 않을 것이다"라고 말씀하십니다. 왜 믿지 않습니까? '우리는 하나님의 백성이다. 하나님은 우리를 사랑하신다'는 믿음이 있기 때문입니다.

제2차 세계대전이 일어나기 전에 누군가 나타나 "히틀러라는 사람이 등장하여 온 유럽을 불바다로 만들고, 유대인 600만 명을 가스실에서 학살할 것"이라고 말했다면 과연 믿었겠습니까? 아무도 믿지 않았을 것입니다. 하박국 당시 사람들도 하박국의 예언을 믿지 않았습니다. 그러나 그들의 믿음은 무너질 것이며, 그들이 생각지도 못했던 끔찍하고 비참한 멸망이 그들의 생전에 닥치게 될 것입니다.

열국을 보고 또 보라

하나님은 유다 백성들에게 시선을 돌려 열국에서 일어나는 일을 주의 깊게 보라고 말씀하십니다. "여호와께서 가라사대 '너희는 열국을 보고 또 보고 놀라고 또 놀랄지어다. 너희 생전에 내가 한 일을 행할 것이라. 혹이 너희에게 고할지라도 너희가 믿지 아니하리라'"(1:5).

하나님은 주위 여러 나라들을 보고 또 보라고, 놀라고 또 놀라라고 말씀하십니다. 그 이유가 무엇입니까? 지금까지 유다 백성들은 주위 나라들에 전혀 관심이 없었습니다. 오로지 자기 문제만 붙들고 고민했습니다. '우리는 하나님의 백성이고 이 땅에는 성전이 있기 때문에 세상이야 어떻게 되든지 상관없다'고 생각했기 때문입니다. 그들은 성전과 예루살렘 성 자체에 신비한 능력이 있다고 믿었습니다. '하나님이 우리와 함께 계시고 성전이 우리 가운데 있는데 무슨 일이 있으려고? 세상은 다 불바다가 되어도 예루살렘은 끄떡없다'고 믿었습니다.

그들은 스스로 노아 방주 안에 들어가 있는 것처럼 생각했습니다. 세상에 큰비가 퍼부었지만 방주 안에 있는 사람들과 짐승들은 안전했듯이, 자신들도 절대적으로 안전하다고 생각한 것입니다. 여름에 집중호우가 내려서 저지대 사람들은 아우성을 치는데, 고지대 사람들은 오히려 물구경을 하는 경우가 가끔 있습니다. 지금 예루살렘 사람들의 태도가 바로 그런 것입니다. 자신들은 고지대에 살고 하나님의 능력으로 보호받고 있기 때문에, 다른 나라야 아우성을 치든 말든 관심이 없다는 것입니다. 그런데 하나님은 이제 주위 나라들을 보고 놀라라고 말씀하십니다.

하나님이 이렇게 말씀하시는 이유는 두 가지입니다. 첫째로, 주위 나라들이나 예루살렘 사람들이나 도덕적인 상태는 별반 다를 것이 없었습니다. 예루살렘의 특별함은 어려움 가운데서도 믿음을 지키고 말씀대로 살고자 애쓰는 데 있었습니다. 그런데 지금처럼 믿지 않는 백성들과 똑같이 타락해서 우상을 섬긴다면 과연 무엇이 특별하다고 하겠습니까?

둘째로, 지금 예루살렘에는 하나님의 보호막이 걷히고 있습니다. 그러니까 주위 나라들이 멸망하는 모습을 똑똑히 봐두라는 것입니다. 장차 예루살렘도 그렇게 멸망할 것이기 때문입니다.

여기에서 우리가 생각할 점이 무엇입니까? 결국 교회는 세상과 무관할 수 없다는 것입니다. 세상 사람들도 교회로 들어오고, 성도들도 세상에 나가서 삽니다. 교회와 세상은 상호관계를 맺을 수밖에 없습니다. 그래서 교회가 세상의 상태에 관심을 가져야 하는 것입니다. 세상의 상태는 교회의 상태를 비추어 주는 거울입니다. 교회에서 은혜가 흘러 나가면 세상은 자연히 변화하게 되어 있습니다. 에스겔은 성전 문지방에서 생수가 흘러 나갔을 때 죽음의 바다 사해가 살아나는 환상을 보았습니다. 교회가 교회다워야 세상이 그나마 살 만한 곳이 될 수 있습니다. 교회가 빛과 소금의 역할을 제대로 감당해야 세상이 그나마 인간적이고 훈훈한 곳이 될 수 있습니다.

그래서 예수님도 산 위에 있는 동네는 감추어질 수 없다고 말씀하셨습니다. 산 위에 있는 동네는 어디에서 보아도 드러나게 되어 있습니다. 그런데 산 위에 있는 동네가 보이지 않는다면, 그 아래 있는 세상은 얼마나 더 캄캄하겠습니까? 교회는 산 위에 있는 동네와 같습니다. 희미하게라도 세상을 밝히고 있어야 합니다.

일본은 못사는 나라가 아닙니다. 그러나 거기에는 진리의 빛이 없습니다. 귀신의 영이 온 나라를 뒤덮고 있습니다. 그러니까 젊은이들이 미치는 것입니다. 일본 만화나 소설이나 영화를 보면 엽기적인 것들이 많습니다. 그만큼 어둡다는 뜻입니다.

교회가 병들면 세상에 무관심해집니다. 세상과 점점 높은 담을 쌓고 자기들끼리만 친하게 지내며, 자기들만 의롭다는 착각에 빠지게 됩니다. 그래서 거룩함으로 세상과 분리되는 것이 아니라 이기심으로 세상과 분리되어 버립니다. 교회에 세상을 책임지라는 것은 경제적으로 책임지라는 말이 아닙니다. 질병을 책임지라는 말도 아닙니다. 교회가 책임져야 하는 것은 도덕적인 상태입니다. 세상이 도덕적으로 부패하고 타락할 때 교회는 애통하고 비통한 마음을 가져야 합니다. 세상의 죄를 마치 자기의 죄인 양 하나님 앞에 짊어지고 나아가 회개해야 합니다. 그것이 교회의 책임입니다.

그런데 교회가 병들면 자꾸 신비주의적인 미신을 믿게 됩니다. 세상은 다 망해도 자신들은 망하지 않는다는 일종의 최면에 빠지게 됩니다. 하나님을 믿기만 하면 자동적으로 모든 어려움이 해결되는 듯한 착각에 사로잡히게 됩니다.

만약 집 주변에서 불이 나서 그 불길이 우리 집 쪽으로 번져오고 있다면 어떻게 해야겠습니까? 일단은 가족들을 피신시키고 중요한 물건부터 옮겨 놓아야 할 것입니다. 아무리 믿음이 좋다고 해도 불이 자기 집까지는 오지 않는다는 확신으로 기도만 하고 있거나 구경만 하는 사람은 없을 것입니다. 우리 집까지 해를 입든 말든 일단은 힘을 합쳐 불부터 꺼야 합니다. 그런데 예루살렘 사람들은 주변 모든 나라가 불타고 있는데도 아무 관심을 보이지 않았습니다. 사람들이 전부 죽는다고 소리를 지르는데도 자신들과 상관없는 일로 여겼습니다. 그만큼 이기적이고 교만하게 병들어 있었습니다.

세상이 어지럽고 경제적으로 어려우며 도덕적으로 타락한 것을 볼 때, 우리도 자신의 일인 것처럼 염려하고 애통하며 기도할 필요가 있습니다. 우리는 세상과 결코 무관한 존재가 아니기 때문입니다. 초등학교 시절에 단체기합이라는 것이 있었습니다. 몇 명이 떠들었는데 반 전체가 나가서 매를 맞았습니다. 교회는 세상의 만형과 같습니다. 세상이 죄에 빠지고 타락할 때 하나님은 교회부터 징계하십니다.

믿는 자들이 병들수록 세상에 무관심해져서 세상이야 망하든 말든 상관하지 않는 이기적인 집단으로 전락해 버립니다. 처음에는 '하나님은 우리를 사랑하신다' 고 생각하던 것이 '하나님은 우리만 사랑하신다' 로 발전하고, 급기야 '남은 다 망해도 상관없다' 는 생각으로까지 나아가게 됩니다.

그러나 하나님이 우리에게 원하시는 것이 무엇입니까? '하나님은 아무 자격 없는 우리를 사랑해 주셨다. 이 은혜의 천분의 일, 만분의 일이라도 다른 사람들에게 나누어 주자' 라고 생각하는 것입니다. 이렇게 교회로부터 은혜가 흘러 나가면 흘러 나갈수록 완충지대가 점점 더 넓어집니다. 교회의 영향을 받아 변화되는 영역이 늘어나는 것입니다. 그러면 악이 교회를 공격해 오더라도 그 변화된 영역이 일종의 완충지대 역할을 해서 피해를 막아 줍니다. 그러나 완충지대 없이 세상이 죄악으로 바싹 타 버리면 교회가 바로 멸망의 표적이 되어 버립니다. 그리스도인들은 세상을 너무 빡빡하게 살면 안 됩니다. 은혜를 자꾸 나누어 주어야 합니다. 그래야 세상이 덜 타락하고, 결국 교회도 보호를 받을 수 있습니다.

그래서 하나님이 우리에게 세상의 아픔을 억지로 겪게 하시는 것입니다. 하나님은 세상 사람들이 실직할 때 믿음의 형제 자매들도 실직하게 하시고, 다른 어려움들도 전부 함께 겪게 하십니다. 세상에는 욥 같은 사람들이 있어야 합니다. 분명히 믿음을 가지고 있는데도 경제적인 어려움이나 건강의 어려움을 겪는 사람들이 있어야 합니다. 하나님은 그들의 고통을 의로운 고통으로 여기셔서, 그들을 통해 믿지 않는 자들에게 은혜를 베푸시고 구원을 주십니다.

우리가 하나님의 백성이기 때문에 아무 고생도 하지 않고 모든 것이 뜻대로 잘된다면 세상 사람들에게는 은혜가 흘러 나갈 기회가 생기지 않을 것입니다. 우리가 인생 밑바닥으로 내려가 다른 사람들과 똑같이 고통을 받아야 자연스럽게 은혜가 전달되며, 하나님이 우리의 고생을 의로운 제사로 받으셔서 우리뿐 아니라 세상까지 구원해 주시는 것입니다.

믿지 않는 악의 세력

이제 하나님은 한 악의 세력을 일으키겠다고 말씀하십니다. "너희 생전에 내가 한 일을 행할 것이라. 혹이 너희에게 고할지라도 너희가 믿지 아니하리라"(1:5하).

구약 시대 예언의 성격으로 볼 때, "너희 생전에"라는 것은 굉장히 시일이 촉박한 것입니다. 구약 시대 예언은 몇백 년이 지난 후에야 성취되는 경우가 많았습니다. 그런데 이번 예언은 "너희 생전에" 성취될 것이라고 말씀하십니다. 이제는 하나님의 모래시계가 다 된 것입니다.

요즘은 시계 없는 사람이 없지만, 예전에는 길 가다가 시간을 묻는 이들이 많았습니다. 그런데 중요한 것은 우리의 시계가 아니라 하나님의 시계입니다. 하나님의 시계에는 그 백성들의 고난이 언제 시작되어서 언제 절정에 이르렀다가 언제 끝날 것인지가 다 표시되어 있습니다. 그 시간을 알아야 합니다. 그 시간이 되기 전에는 아무리 설치고 애써도 고난이 끝나지 않습니다. 물론 믿음으로 그 기간을 약간 단축시킬 수는 있습니다.

제가 군대에서 훈련을 받을 때에는 정말 정신이 없었습니다. 시도 때도 없이 불러내서 땅바닥에 굴리질 않나 산으로 끌고 가질 않나 정신을 차릴 수가 없었습니다. 그런데 어느 날 행정관실에 들어가 보니 훈련 일정이 전부 기록되어 있었습니다. 그 일정을 미리 알고 나니 훈련받기가 좀더 수월해졌습니다.

우리에 대해서도 하나님은 훈련 일정을 정해 놓으십니다. 물론 믿자마자 훈련이 시작되는 것은 아닙니다. 만약 그렇게 하신다면 교회에 남을 사람이 없을 것입니다. 하나님은 조금 고생이 닥쳐도 예수 믿기를 포기하지 않을 수준까지 우리를 키워 놓으신 후에 훈련을 시작하십니다. 그러나 그 훈련에는 반드시 끝이 있습니다. 절정에 도달해서 반환점을 돌고 나면, 고난의 정도가 약해지면서 끝이 나게 되어 있습니다.

하박국이 바벨론에 대해 예언한 내용은 몇 가지로 요약될 수 있습니다. 첫째는 바벨론이 전쟁의 개념을 완전히 바꾸어 놓는다는 것입니다. 고대의 전쟁은 사람을 죽이고 나라를 통째로 멸망시키려는 전쟁이라기보다는 무력시위에 가까웠습니다. 힘의 우열을 가려서 복종시킨 후에 조공을 받기 위한 일종의 길들이기 식 전쟁이었던 것입니다. 그러나 바벨론은 살육을 목적으로 전쟁을 벌였습니다. 바벨론 군인들은 직업군인이었습니다. 그들은 대부분의 사람들을 죽여 버렸으며 남은 자들은 포로로 끌고 갔습니다.

6절과 7절을 보십시오. "보라, 내가 사납고 성급한 백성 곧 땅의 넓은 곳으로 다니며 자기의 소유 아닌 거할 곳들을 점령하는 갈대아 사람을 일으켰나니 그들은 두렵고 무서우며 심판과 위령이 자기로 말미암으며."

여기 나오는 "갈대아 사람"은 바벨론 사람들입니다. 그들은 아무리 넓은 곳도 직접 지배하고 다스렸습니다. 지금까지 큰 나라들은 한 번씩 공격은 해도 직접 상주하면서 다스리지는 못했습니다. 넓은 지역을 동시에 관할할 행정체계가 없었기 때문입니다. 그러나 바벨론은 달랐습니다. 그들은 한 나라를 멸망시킨 후에 군대를 파견하고 관리를 세워서 직접 통치했습니다.

"심판과 위령이 자기로 말미암으며"라는 것은 각 나라의 종교나 풍습을 일절 인정하지 않고 오로지 바벨론의 신앙과 생활풍습을 따를 것을 요구한다는 뜻입니다. 다시 말해서 유다 백성이라고 봐주거나 종교의 자유를 허락하는 일은 없다는 것입니다. 그들은 온 세상 사람들을 철저하게 바벨론 식으로 훈련시키고, 그것이 안 되면 가차없이 없애 버릴 것입니다. 그리하여 세상의 다른 나라들은 전부 사라지고 오로지 바벨론이라는 하나의 나라만 남게 될 것입니다.

지금까지 유다는 외국이 쳐들어와도 그렇게 걱정하지 않았습니다. 싸우다 안 되면 항복하고 조공을 바치면 그만이었기 때문입니다. 그러나 이제는 유다 나라 자체가 없어질 위기에 처하게 되었습니다. 더 이상 신앙을 가질 수 없으며, 공개적으로 신앙을 고백하는 자는 처형을 당하는 탄압의 시대가 열린 것입니다. 이것이 교회의 '바벨론 유수' 입니다.

이처럼 하나님이 바벨론을 일으키신다는 것은 악의 세력을 풀어서 마음껏 하나님의 백성을 지배하고 탄압하게 만드신다는 뜻입니다. 지금까지 결박해 놓았던 사탄의 세력을 풀어서 마음껏 돌아다니게 하실 뿐 아니라 유다를 지배하며 삼키게 하신다는 뜻입니다. 이처럼 하나님이 자기 백성들을 어두움의 세력에 던져 놓으시고 방치하시는 이때야말로 진정한 환난의 때입니다. 마치 아버지가 직접 아들을 끌고 가서 경찰의 손에 넘기는 것과 같습니다.

이런 환난의 때에 나타나는 특징이 무엇입니까? 하나님 백성의 특권이 통하지 않는 것입니다. 오히려 신앙을 가졌다는 사실이 불리하게 작용합니다. 또 기도 응답도 되지 않습니다. 왜 이런 일이 일어납니까? 하나님의 은혜가 얼마나 소중한지 깨우치시기 위해서입니다. 은혜는 너무나 귀하고 값진 것입니다. 빼앗기기 전에 지켜야 합니다. 그러나 유다 백성들은 하나님의 사랑과 은혜를 받았으면서도 그 소중함을 모르고 더욱더 이기적으로 탐욕의 탑을 쌓았습니다. 그들은 그 은혜를 빼앗기고 포로가 되어 마음껏 신앙을 고백하지도 못하고 찬송도 부르지 못하고 우상숭배를 강요받을 때에야 비로소 과거에 마음껏 예배드렸던 자유의 소중함을 깨닫게 될 것입니다.

정치적 자유를 빼앗긴 사람은 바보가 됩니다. 정치적인 발언만 삼가고 평소대로 살면 그만이지 꼭 정치적 자유가 필요하냐고 생각하기 쉽지만, 절대 그렇지 않습니다. 그래서 우리나라에서도 그토록 많은 사람들이 민주주의를 위해 싸우고 투쟁하며 피를 흘린 것입니다. 그런데 예배의 자유, 신앙의 자유를 빼앗기면 노예보다 더 비참해집니다. 바보가 되는 정도가 아니라 짐승이 되어 버립니다. 내가 믿는 하나님께 예배드릴 수 없는 고통, 마음껏 기도할 수 없는 고통은 인간의 고통 중에 가장 비참한 고통입니다. 그러므로 이 자유를 한낱 돈이나 세상의 즐거움과 바꾸면 안 됩니다. 은혜의 소중함을 아는 사람은 예배의 기쁨을 절대 다른 것과 바꾸지 않습니다. 바로 이것을 깨닫게 하시려고 유다 백성들을 바벨론의 손아귀에 던지신 것입니다.

바벨론의 두 번째 특징은 아주 민첩하다는 것입니다. "그 말은 표범보다 빠르고 저녁 이리보다 사나우며 그 기병은 원방에서부터 빨리 달려오는 기병이라. 마치 식물을 움키려 하는 독수리의 날음과 같으니라"(1:8).

바벨론의 주무기는 보병이 아니라 기병입니다. 보병은 쳐들어온다는 소식이 들리고도 몇 달이 지나서야 성문 앞에 나타납니다. 그러나 기병은 소리 소문 없이 성문 앞에 들이닥칩니다.

하나님 백성들이 잘못을 고치는 데에는 대개 많은 시간이 소요됩니다. 하나님은 우리의 잘못을 처음 지적하실 때 직설법을 쓰시지 않습니다. 상처받지 않도록 비유나 은유로 말씀하십니다. 그러다가 상황이 더 심각해지면 직접 죄를 지적하십니다. 그래도 돌이키지 않으면 징계를 내리시는데, 점점 그 강도를 높이면서 경고하십니다.

그러나 악은 그렇지 않습니다. 정신을 차릴 수 없이 들이닥칩니다. 표범처럼, 저녁 이리처럼, 먹이를 낚아채는 독수리처럼 순식간에 덮쳐 옵니다. 악은 천천히 일하지 않습니다. 그러니까 하나님이 "때가 다 되었다"고 말씀하실 때 민첩하게 움직여야 합니다. 말씀을 들은 즉시 포기할 것은 포기하고 버릴 것은 버려야 합니다. 그렇게 하지 않으면 위기를 벗어날 수가 없습니다.

그리스도인들에게는 변하기 싫어한다는 특징이 있습니다. 침체되면 침체될수록 온갖 구닥다리들을 끌어안고, 하나라도 버리면 죽을 것처럼 거기에 집착합니다. 그러다가 회개할 시간을 다 놓쳐 버리는 것입니다. 배를 타고 가다가 풍랑을 만나면 어떻게 해야 합니까? 짐을 전부 버려야 합니다. 아무리 아까워도 전부 버려야 목숨 하나 간신히 건질 수 있습니다. 마찬가지로 위급한 시기에는 영혼 하나 건지겠다는 생각으로 다른 것은 전부 포기해야 합니다. 환난의 시기가 닥쳤을 때, 사업이 부도났을 때, 모든 일이 뜻대로 풀리지 않을 때, 이것도 챙기고 저것도 챙기려 들면 안 됩니다. 말씀 붙들고 영혼 하나 딱 건질 생각을 해야 합니다. 그러면 나중에 재기의 기회가 옵니다. 이것도 아깝고 저것도 아까워서 전부 붙잡는 사람은 결국 아무것도 건질 수 없습니다.

중국인들을 보십시오. 양쯔 강이 범람했을 때 하류의 공장지대를 잃지 않으려고 강둑을 폭파하지 않았습니까? 그들은 공장을 살리기 위해 논밭을 포기했고, 그 결과 엄청난 경제 부흥기를 맞이했습니다. 전부 붙잡으려 들면 안 됩니다. 우선순위를 정해 놓고 뒷자리에 있는 것은 내버려야 합니다. 눈 딱 감고 과감하게 포기해 버려야 합니다. 악은 굉장히 빠르게 움직이고 있습니다. 10년 만에 죄 하나 겨우 포기하고, 20년 만에 또 하나 포기하는 식으로는 이길 수 없습니다. 악이 빠르면 빠를수록 우리는 더 빠르게 변해야 합니다.

9절을 보십시오. "그들은 다 강포를 행하러 오는데 앞을 향하여 나아가며 사람을 사로잡아 모으기를 모래같이 많이 할 것이요."

"앞을 향하여 나아가며"라는 말은 '돌풍'으로 번역될 수 있습니다. 사막의 돌풍처럼 불어닥쳐서 엄청나게 많은 사람들을 모래 언덕처럼 쌓아 놓는다는 것입니다. 바벨론의 특징은 수많은 사람들을 포로로 잡아가는 것입니다. 유다 백성들이 포로로 잡혀가는 것은 무엇을 의미합니까? 출애굽 이전으로 되돌아가는 것입니다. 더 이상 하나님의 백성이 아니라는 것입니다. 율법의 언약이 깨져 버렸다는 것입니다. 그 중요한 원인은 우상숭배에 있었습니다. 하나님은 우상숭배 하는 자들까지 보호해 주시지 않습니다.

하나님의 백성은 하나님의 방법으로 살아야 합니다. 되든 안 되든 하나님의 방법으로 밀어붙여야 합니다. 그것이 포로로 잡혀가지 않는 길입니다. 유다 백성들이 여호와의 말씀만 붙들고 "어디, 말씀대로 되는지 안 되는지 보자! 망하면 망하지, 뭐!" 하면서 밀어붙였다면 그 땅에서 뿌리 뽑히지 않았을 것입니다. 그런데 세상 사람들이 우상숭배와 세상적인 방법으로 잘되는 것 같아서 따라가니까 바로 뽑혀서 잡혀간 것입니다.

그리스도인은 어디에 뿌리를 내려야 합니까? 철저하게 하나님의 말씀에 뿌리를 내려야 합니다. 하나님의 말씀을 한번 시험해 보십시오. 정말 그 말씀대로 되는지 안 되는지 시험해 보십시오. 말씀에 뿌리를 박고 있는 사람은 아무도 뽑아 내지 못합니다.

셋째로, 바벨론에게는 견고한 성도 걸림돌이 되지 못할 것입니다. "열왕을 멸시하며 방백을 치소하며 모든 견고한 성을 비웃고 흉벽을 쌓아 그것을 취할 것이라"(1:10).

"흉벽"은 성을 함락시키기 위해 성 밖에 쌓는 토성입니다. 지금까지는 성 안에만 있으면 안전했습니다. 따로 성을 공격할 방법이 없었기 때문에, 적어도 물과 양식이 떨어지기 전까지는 안전했습니다. 그러나 바벨론은 성을 함락시킬 새로운 전술을 가지고 왔습니다. 그것은 성보다 더 높은 흉벽을 쌓아 공격하는 것이었습니다.

지금까지 예루살렘은 아무리 모진 바람이 불어도 안전했습니다. 하나님의 은혜가 늘 덮고 있어서 다른 나라가 정복할 수 없었습니다. 그런데 교회의 기능이 정지되자 하나님이 그 덮개를 벗겨 버리셨고, 결국 예루살렘도 다른 이방 성들처럼 망하게 되었습니다.

히스기야 시대에는 교회의 기능이 살아 있었습니다. 말씀의 선포가 있었고 회개하는 자들이 있었으며 말씀으로 변화되는 자들이 있었습니다. 그래서 앗수르가 그들을 정복하지 못했습니다. 하나님은 예루살렘을 눈동자처럼 지키셨습니다. 그런데 요시야 왕이 죽고 난 후, 예루살렘은 교회의 기능을 잃고 말았습니다. 바른 말씀을 선포하는 자도 없었고, 말씀을 듣고 회개하는 자도 없었으며, 눈물로 기도하는 자도 없었습니다.

말씀의 선포도 없고 눈물의 기도도 없는 교회는 사람의 영혼을 지켜 주지 못합니다. 교회의 생명이 여기 있습니다. 배가 거친 파도를 헤치고 앞으로 나아가려면 엔진이 살아 있어야 하듯이, 교회에는 말씀과 기도가 살아 있어야 합니다. 이 엔진이 살아 있으면 어느 정도 파도가 몰아쳐도 헤치고 나아갈 수 있지만, 이 엔진이 꺼져 버리면 갈 길을 잃고 표류하든지 암초에 부딪쳐 침몰할 수밖에 없습니다. 바른 말씀 선포와 눈물의 기도가 교회를 살리고 나라를 살린다는 것을 잊지 마십시오.

그 힘으로 자기 신을 삼는 자

하나님은 바벨론을 어떻게 정의하고 계십니까? "그들은 그 힘으로 자기 신을 삼는 자라. 이에 바람같이 급히 몰아 지나치게 행하여 득죄하리라"(1:11).

이 구절을 원문 순서대로 번역하면 '그들은 바람처럼 휩쓸고 지나가며 죄를 짓고 힘을 자기 신으로 삼는다'가 됩니다. 결국 바벨론은 두 가지로 정의될 수 있습니다. 첫째는 사람의 힘을 절대적인 신으로 생각하는 나라라는 것입니다. 즉, 인간의 능력을 숭배하는 나라인 것입니다.

사람의 힘과 능력을 절대시하면 바벨론 같은 괴물이 나오게 되어 있습니다. 사람은 하나님을 두려워할 때 비로소 아름답게 살 수 있습니다. 하나님을 두려워하지 않으면 기괴하고 탐욕스러운 결과물이 나옵니다. 예를 들어 하나님을 두려워하는 과학에서는 굉장히 아름다운 이론이 나오지만, 하나님을 두려워하지 않고 인간의 두뇌를 절대적으로 숭배하는 과학은 프랑켄슈타인 같은 괴물을 만들어 냅니다. 우리는 바벨론을 보면서 '아, 인간을 절대시하면 안 되는구나! 인간의 머리나 재능을 절대시하면 저런 괴물이 나오는구나!'라고 깨달아야 합니다.

회사 사장이 아무리 유능하고 돈이 많다 하더라도 거의 신처럼 대접받기를 원한다면 주저 없이 떠나는 것이 좋습니다. 돈이 절대시되거나 지식이 절대시되거나 권력이 절대시되는 곳에서 무언가 얻어먹으려고 얼쩡거리면 큰일 납니다. '멸망의 가증한 것이 서지 못할 곳에 서 있구나' 생각하고 되도록 빨리 그 자리에서 도망쳐 나와야 합니다. 원래 돈이나 권력이나 지식은 가치중립적인 것입니다. 그 자체로 선하거나 악한 것이 아닙니다. 그런데 그 중립적인 수단이 사람을 지배하고 조종하고 있다면, 그것은 마귀가 개입했다는 증거입니다.

에덴동산에서 뱀이 여자에게 말을 건 것은 정상적인 일이 아니었습니다. 뱀은 원래 말을 하면 안 됩니다. 하나님은 사람에게만 말할 수 있는 능력을 주셨습니다. 그런데 뱀이 말을 했다는 것은 그 뱀이 이미 정상에서 벗어났다는 증거입니다. 그럴 때 그 말에 귀를 기울이고 있으면 안 됩니다. 대가리를 콱 때려 주면서 "입 다물어!" 하고 야단을 쳐야 합니다. 그래야 다른 동물들도 감히 입을 열 생각을 하지 않고 여호와를 경배하게 됩니다. 돈이 나를 주장하려고 할 때, 거기에 휘둘리지 마십시오. "네가 감히 나를 조종하려고 해?" 하면서 야단치십시오. 지식도 늘어나면 늘어날수록 겸손해져야지, 많이 안다고 해서 눈도 제대로 안 뜨면서 잘난 척하면 안 됩니다.

사탄의 가장 큰 실수는 예수를 십자가에 못 박아 죽인 것입니다. 그 죽음을 통해 하나님의 용서가 임했고, 사탄은 법적인 권리를 전부 박탈당했습니다. 이제 사탄에게는 사람을 지배할 권리가 없습니다. 바벨론이 유다를 멸망시킨 것도 실수였습니다. 유다를 멸망시키지 않았다면 스스로 썩어서 망했을 것입니다. 그런데 그들이 유다를 멸망시켜서 끌고 갔기 때문에 정신을 차리게 되었고, 바벨론의 행정망을 통해 말씀이 전 세계로 퍼져나가게 되었습니다. 백성들은 성전도 없고 제사도 못 드리는 상황에서 각처에 회당을 짓고 율법을 읽었습니다. 그리고 그 회당이 신약 교회의 기초가 되었습니다.

하나님은 바벨론을 "바람"이라고 부르십니다. 여기에는 신속하다는 뜻도 있고, 종잡을 수 없이 변덕스럽다는 뜻도 있습니다. 바람은 일시적으로는 맹렬하게 불어도, 그치고 나면 아무 영향도 끼치지 못합니다. 예전에 〈바람과 라이온〉이라는 영화가 있었습니다. 거기 나오는 아랍 지도자는 꼭 바람처럼 순식간에 나타났다가 사라지는 인물이었습니다. 바람과 사자가 싸우면 누가 이기겠습니까? 사자가 이깁니다. 바람이 아무리 세차게 불어도 사자가 납작 엎드려 있으면 어쩔 도리가 없기 때문입니다. 아무리 모래를 엄청나게 몰고 와서 산을 쌓아 놓아도 그것은 일시적인 현상에 불과합니다.

바벨론은 바람입니다. 짧은 순간에 모든 것을 몰고갈 만큼 강력하지만, 그 기운만 떨어지고 나면 모든 것을 고스란히 남겨둔 채 사라져야 합니다. 그러니까 유다는 가만히 엎드려서 기다리기만 하면 됩니다. 자기 힘을 신으로 믿고 사는 사람들은 바람에 불과합니다. 한 시대를 풍미할 수는 있지만, 결국은 자기가 쌓은 모래성을 두고 사라져야 합니다. 그러면 또 다른 사람이 나타나 그 모래성을 헐고 자기의 모래성을 짓는 일이 반복됩니다. 결국 영원히 남는 것은 그들이 쌓은 모래성이 아니라, 그 바람 속에서 연단된 하나님의 백성과 그 바람을 타고 전파된 하나님의 말씀뿐입니다.

바벨론의 바람은 사람을 바꾸지 못합니다. 사람을 엎드리게 만들거나 곤경에 빠뜨릴 수는 있지만, 새롭게 하지는 못합니다. 사람을 새롭게 하는 것은 그런 죄의 바람이 아니라 생명의 바람입니다. 성경은 바람을 '루아흐' 라고 부릅니다. 바벨론의 바람도 '루아흐' 이고 성령의 바람도 '루아흐' 입니다. 그러나 사람을 살리고 세상을 변화시키는 바람은 예수 그리스도께서 주시는 새로운 바람, 성령의 '루아흐' 입니다. 이 바람만이 죄의 불길을 잡을 수 있습니다.

시간이 갈수록 세상의 양극화는 점점 더 심해질 것입니다. 악의 바람에 휩쓸리든지 성령의 바람에 휩쓸리든지, 자기 힘을 믿고 모래성을 쌓든지 성령의 능력으로 생명의 역사를 일으키든지 둘 중에 하나입니다. 우리는 더 강력한 성령의 바람이 불어서 이 모든 죄악의 불길을 잡고 영혼을 살리는 역사가 일어나도록 기도해야 합니다.

악의 세력에 어중간한 태도를 취하지 마십시오. 돈이든 지식이든 권력이든 스스로 절대시하며 지배하려고 할 때 분명하게 경멸을 표하십시오. 세상적인 방법으로 잘되는 것을 부러워하지 마십시오. 우리에게는 우리의 방식이 있습니다. 우리가 말씀에 뿌리를 박고 있는 한, 교회에 바른 말씀과 눈물의 기도가 살아 있는 한, 바벨론은 절대 우리의 성벽을 넘어오지 못할 것입니다.

마음껏 예배드릴 수 있는 이 은혜, 이 축복을 빼앗기면 안 됩니다. 이것을 빼앗긴 그리스도인은 짐승과 다를 바가 없습니다. 절대 하나님의 은혜를 남용하지 말고 찬송할 기회가 있을 때 전심으로 찬송하고, 기도할 기회가 있을 때 전심으로 기도하십시오. 세상을 우리의 훈련장으로 생각하십시오. 하나님이 세상 사람들과 나를 똑같이 고생시키실 때 자신의 무능함을 탓하지 말고 '아! 지금 내게 의인 요셉의 고난을 주시는구나. 이 고난을 통해서 내 가족들과 이 세상 사람들을 구원하려 하시는구나' 생각하고 기쁨으로 감당하십시오.

그동안 세상에는 여러 종류의 바람이 불었습니다. 앗수르의 바람도 불었고 바벨론의 바람도 불었으며 로마의 바람도 불었습니다. 그러나 그 모든 바람이 남긴 것은 한순간에 사라지는 모래성뿐이었습니다. 우리를 영원토록 살리며 세상을 살리는 것은 성령의 바람뿐입니다.

오늘 우리 가운데 급하고 강한 성령의 바람이 불기를 간구합시다. 세상을 향했던 우리의 마음을 돌이켜 전심으로 하나님을 의지함으로써 이 세상에서 하나님의 뜻을 이루어 드리게 되기를 간구합시다. 우상숭배로 성공하지 않고, 인간을 절대시하는 바벨론의 역사에 동참하지 않고, 하나님 백성의 자존심으로 오직 성령의 능력을 의지함으로써 승리하는 여러분이 되시기를 축원합니다.

3

선지자의 질문

하박국 1:12-17

1:12 선지가 가로되 "여호와 나의 하나님, 나의 거룩한 자시여, 주께서는 만세 전부터 계시지 아니하시니이까? 우리가 사망에 이르지 아니하리이다. 여호와여, 주께서 심판하기 위하여 그를 두셨나이다. 반석이시여, 주께서 경계하기 위하여 그를 세우셨나이다.

13 주께서는 눈이 정결하시므로 악을 참아 보지 못하시며 패역을 참아 보지 못하시거늘 어찌하여 궤휼한 자들을 방관하시며 악인이 자기보다 의로운 사람을 삼키되 잠잠하시나이까?

14 주께서 어찌하여 사람으로 바다의 어족 같게 하시며 주권자 없는 곤충 같게 하시나이까?

15 그가 낚시로 모두 취하며 그물로 잡으며 초망으로 모으고 인하여 기뻐하고 즐거워하여

16 그물에 제사하며 초망 앞에 분향하오니 이는 그것을 힘입어 소득이 풍부하고 식물이 풍성케 됨이니이다.

17 그가 그물을 떨고는 연하여 늘 열국을 살육함이 옳으니이까?"

1:12-17

하나님은 무엇보다 우리 믿는 자 한 사람 한 사람이 바른 믿음을 갖기 원하십니다. 그 일을 위해서라면 온 세상을 파괴하는 일도 마다하지 않으십니다. 또한 우리가 어떤 절망과 어려움 가운데 처해 있다 해도 바른 믿음만 가지고 있으면 얼마든지 건져내 주십니다.

아마추어는 망가진 기계를 분해하는 것이 아니라 아예 부수어 버립니다. 그리고 그렇게 한번 부수어 버린 후에는 다시 조립해 내지 못합니다. 그러나 전문적인 기술자는 완전히 분해한 후에 다시 조립해서 망가지기 전보다 훨씬 더 훌륭한 상태로 회복시켜 놓습니다. 하나님은 우리가 상상하지 못할 정도로 우리를 사랑하십니다. 우리에게 바른 믿음을 주시기 위해 전쟁도 일으키시고 재앙도 불러오시고 기근까지 일으키실 정도로 사랑하십니다. 그리고 우리가 바른 믿음을 가지기만 하면, 도저히 재기가 불가능한 상황에서도 능히 일으켜 세우십니다.

제가 어렸을 때만 해도 죄를 지어 교도소에 끌려가면 그것으로 인생이 끝나는 줄 알았습니다. 그런데 요즘은 꼭 그런 것 같지 않습니다. 교도소에 끌려갔다 나와서도 장관이 되고 국회의원이 됩니다. 그러나 전쟁이 벌어지면 사정은 완전히 달라집니다. 교도소 안에는 그래도 법이 있고 어느 정도의 인권은 보장받을 수 있습니다. 아무리 극악한 죄수라도 하루 밥 세 끼는 꼬박꼬박 챙겨 줍니다. 그러나 전쟁이 벌어지면 법도 없고 인권도 없습니다. 이유 없이 죽임을 당하고, 이유 없이 재산을 빼앗기며, 이유 없이 가족과 헤어지고, 이유 없이 노예로 잡혀갑니다. 그래서 전쟁은 인간에게 일어날 수 있는 악 중에서도 최고의 악이라고 할 수 있습니다.

오늘 본문에서 선지자는 하나님께 항의에 가까운 기도를 드리고 있습니다. 사실 하박국도 유다 백성들이 하나님 앞에 완전히 의롭다거나 전혀 죄가 없다고 생각한 것은 아닙니다. 또 하나님의 필요에 따라 바벨론이라는 나라도 얼마든지 사용하실 수 있다고 생각했습니다. 그러나 문제는 그 수위였습니다. 하나님은 단지 바벨론을 사용하시는 데서 그치는 것이 아니라, 유다를 비롯한 전 세계를 바벨론의 손에 넘겨주시는 것이 아닐까 의심될 정도의 계획을 세우고 계십니다. 마치 하나님이 그 보좌에서 내려와 더 이상 세상을 다스리시지 않는 것처럼 온 세상에 살육의 전쟁을 일으킬 계획을 세우고 계십니다. 바벨론 사람들에게는 법도, 인권도 통하지 않았습니다. 그들은 완전히 짐승 같은 사람들이었습니다. 온 세상이 그들의 손아귀에 들어간다는 것은 이 세상에서 정의가 완전히 사라진다는 것을 의미했습니다. 어떻게 하나님이 이런 일을 하실 수 있습니까? 이것이 하박국 선지자가 하나님께 던진 질문이었습니다.

선지자가 알고 있는 하나님

하박국 선지자는 하나님을 어떻게 부르고 있습니까? "선지가 가로되 '여호와 나의 하나님, 나의 거룩한 자시여, 주께서는 만세 전부터 계시지 아니하시니이까? 우리가 사망에 이르지 아니하리이다. 여호와여, 주께서 심판하기 위하여 그를 두셨나이다. 반석이시여, 주께서 경계하기 위하여 그를 세우셨나이다"(1:12).

선지자는 아주 다급하게 하나님을 부르면서 "여호와 나의 하나님, 나의 거룩한 자"라고 말하고 있습니다. 이 표현은 이제부터 그가 말씀드릴 주된 내용이 정의에 관한 것임을 암시해 줍니다. 사실 사람들 사이에서는 '거룩하다'는 말을 쓸 수가 없습니다. 사람은 완전히 거룩할 수 없기 때문입니다. 거룩하다는 것은 죄나 악과 완전히 단절된 상태를 의미합니다. 단 한 순간도 악한 것을 생각하거나 악한 감정을 품으면 안 됩니다. 그런데 사람이 어떻게 악한 것을 생각지 않을 수 있겠습니까? 오히려 악한 생각을 하지 않는 순간이 거의 없다고 해야 할 것입니다.

한 율법사가 예수님을 찾아와 "선한 선생님"이라는 표현을 사용했다가 호된 질책을 받은 적이 있었습니다. 예수님은 '선하다'는 표현을 사람에게 쓸 수 없다고 말씀하셨습니다. 선하다는 것은 아무 사심 없이 100퍼센트 사랑하는 마음으로 어떤 일을 하는 것입니다. 그런데 사람이 어떻게 아무 사심 없이 완전히 헌신적으로 남을 위해 일할 수 있습니까? 말로는 남을 위해 한다고 해도 사실은 무언가 자신에게 유익이 되고 명예에 도움이 되니까 하는 것입니다. 그렇기 때문에 우리는 사람에게 함부로 선하다는 표현을 써서는 안 됩니다. 그것은 겉만 보고 하는 소리입니다. 사람은 완전히 선할 수가 없습니다. 설사 정말 선할 때가 있다고 해도 자기 힘으로 그렇게 된 것이 아니라 하나님이 붙들어 주신 것입니다.

그러나 하나님은 100퍼센트 거룩하신 분입니다. 악한 것은 생각조차 하실 수 없는 분입니다. 그런데 그런 하나님이 지금 계획하고 계신 일이 무엇입니까? 무지막지한 깡패 같은 나라 바벨론에 유다를 비롯한 온 세상을 맡겨서 한없이 살육하고 짓밟으며 파멸시키게 하는 일입니다. 이것은 마치 히틀러나 공산주의자에게 온 세상을 맡기는 것과 같습니다. 그러면 세상은 그야말로 킬링필드가 될 것입니다. 그래서 선지자는 지금 하나님께 항의하고 있습니다.

하나님이 만세 전부터 계셨다는 것은 하나님이 존재하시지 않았던 적이 단 한 순간도 없었다는 뜻입니다. 즉, 세상이 하나님의 통치에서 벗어난 적이 한 번도 없었다는 것입니다. 그래서 하박국은 "우리가 사망에 이르지 아니하리이다"라고 고백합니다. 왜 갑자기 이 말이 튀어나옵니까? 하나님이 영원 전부터 계시다는 것과 유다 백성들이 사망에 이르지 않는 것이 무슨 상관이 있습니까? 그래서 어떤 번역성경은 "우리가"를 '당신은'으로 바꾸어 놓기도 했습니다. 그러나 그렇게 바꾸어 놓으면 오히려 문장이 더 어색해지는 것 같습니다.

이 세상에 악이 그렇게 들끓는데도 힘없는 하나님의 백성들이 지금까지 살아남을 수 있었던 것은 하나님이 일분 일초도 빠짐없이 이 세상을 통치해 오셨기 때문입니다. 하나님이 아주 짧은 시간이라도 통치권을 포기하셨다면 그들은 살아남지 못했을 것입니다. 우리도 마찬가지입니다. 우리처럼 힘도 없고 백도 없고 돈도 없는 사람들이 믿음만 가지고 이렇게 살아남을 수 있는 것은 하나님이 단 한 순간도 빠짐없이 존재하시며 다스리고 계시기 때문입니다. 그런데 지금 무슨 일이 벌어지려 하고 있습니까? 짐승 같은 바벨론 사람들이 쳐들어와서 예루살렘을 무너뜨리고 하나님의 백성들을 마음대로 짓밟으려 하고 있습니다. 그러면 이 땅에서 하나님의 거룩한 백성들은 완전히 사라져 버리는 것입니다.

하박국은 기도합니다. "여호와여, 주께서 심판하기 위하여 그를 두셨나이다. 반석이시여, 주께서 경계하기 위하여 그를 세우셨나이다."

무슨 뜻입니까? 하나님이 지금까지처럼 유다 백성들을 징계하고 죄를 깨우치기 위해 바벨론을 사용하신다면 아무 불만도 없다는 것입니다. 유다 백성들이 정신을 차리도록 바벨론 군대를 보내서 몇 달 동안 고통을 주다가 회개하면 다시 철수시키시고, 교만해지면 또 다시 공격하게 하신다면 아무 문제도 없다는 것입니다. 그런데 지금 하나님은 유다를 완전히 죽이려 하고 계십니다. 피비린내 나는 전쟁을 일으켜서 의로운 자나 불의한 자나 전부 멸망시키려 하고 계십니다. 어떻게 거룩하신 하나님이 이런 계획을 세우실 수 있습니까?

죄지은 자들만 잡아서 가둔다는 데 불만을 품을 사람은 아무도 없습니다. 그러나 전쟁이 일어나면 죄인과 의인의 구분이 없어집니다. 무차별적으로 사람이 죽어 나갑니다. 무차별적으로 재산과 가족을 빼앗기고 비참한 처지로 떨어져 버립니다. 우리 민족도 그런 일을 경험한 적이 있습니다. 일제 치하에서 남자들은 학도병으로 잡혀가고 여자들은 정신대로 끌려갔습니다. 쌀도, 솥도 다 가져가고 교회 종까지 떼어갔습니다. 아무것도 남기지 않고 싹

다 빼앗아갔습니다. 공산주의자들이 점령했을 때에도 반동분자들을 색출한다는 명목으로 집집마다 뒤져서 사람들을 처형했습니다. 그럴 때 어디에서 정의를 찾을 수 있겠습니까? 무조건 피해서 숨어 있어야지, 잡히는 즉시 죽는 것입니다. 이것이 유다를 기다리고 있는 운명이었습니다.

그것을 알게 된 하박국은 너무나 답답했습니다. 회개하면 회복될 수 있다는 희망이 있어야 하는데, 회개고 뭐고 무조건 멸망한다는 것입니다. 암이 발병했고 치료가 불가능하다는 것을 알게 된 한 성도님이 저에게 "마음이 무겁고 답답하다"는 말을 한 적이 있습니다. 목숨을 건지기 위해 대수술을 받아야 한다고 해도 답답할 텐데, 아예 수술조차 할 수 없는 상황이라면 얼마나 더 답답하겠습니까?

하박국은 하나님의 뜻을 미리 알았기 때문에 더 마음이 답답했습니다. 차라리 모르고 당하는 편이 훨씬 덜 고통스러울지도 모릅니다. 그럼에도 불구하고 하나님이 이런 절망적인 상황을 미리 알려 주신 이유가 무엇입니까? 이런 절망을 소화할 수 있는 믿음이 있는지 묻기 위해서입니다. 이 비극적인 미래를 소화할 수 있는 믿음이 있는지 묻기 위해서입니다.

자신에게는 항상 좋은 일만 일어나야 한다고 고집하는 것은 어린아이의 믿음입니다. 성숙한 믿음은 절망의 돌덩이를 삼켜서 소화하는 믿음입니다. 도저히 납득되지 않는 상황을 소화하는 믿음, 한 번 펑펑 울고 난 후에는 하나님을 찬양하며 영광 돌릴 수 있는 믿음을 하나님은 하박국에게 요구하고 계십니다. 지금 하박국은 자신의 눈앞에 펼쳐지는 현실과 자신이 알고 있는 하나님의 성품이 조화되지 않아서 몸부림을 치고 있습니다. 그 부조화를 소화해 내려고 몸부림을 치고 있습니다.

하나님은 우리 생각보다 훨씬 크신 분입니다. 사랑하시는 방법도 우리 생각을 넘어섭니다. 그러니까 "내가 온 세상보다 너를 더 사랑한다"고 말씀하실 때 얼른 믿어 버려야지, 그렇지 않으면 그 사랑을 행동으로 보여 주십니다. 텔레비전을 부수면서, 집을 부수면서, 회사를 부수면서 "내가 이것들보다 더 너를 사랑한다"고 말씀하십니다.

하나님의 침묵

선지자를 가장 고통스럽게 한 것은 하나님의 침묵이었습니다. 악이 온 세상을 지배하고 있는데도 침묵을 지키시는 이유가 무엇입니까? "주께서는 눈이 정결하시므로 악을 참아 보지 못하시며 패역을 참아 보지 못하시거늘 어찌하여 궤휼한 자들을 방관하시며 악인이 자기보다 의로운 사람을 삼키되 잠잠하시나이까?" (1:13).

하박국은 하나님이 마치 온 세상을 손바닥 위에 올려 놓은 것처럼 환히 보고 계심을 알았습니다. 하나님이 이처럼 모든 것을 보고 계시며 알고 계시기 때문에 패역한 자들이 결코 이길 수 없음을 알았습니다. 그런데 이제 어떤 일이 일어난다는 것입니까? 악한 자들이 완전히 승리해서 예루살렘 성전을 짓밟는다는 것입니다. 예루살렘을 킬링필드로 만들어 버린다는 것입니다.

하박국의 신앙은 일종의 인과응보 신앙이었습니다. 그는 의롭게 살고자 노력하는 자들은 지켜 주시고 패역하고 악한 자들은 벌주시는 하나님을 믿었습니다. 그것은 사실입니다. 세상에는 하나님의 일반은총이 있어서, 하나님을 믿든지 안 믿든지 창조의 원리대로 열심히 사는 사람이 복을 받습니다. 욕심 부리지 않고 순리대로 노력하는 사람은 성공하고, 건강이든 권력이든 돈이든 남용하는 사람은 좋지 않은 결말을 맞이합니다. 우리는 이런 일들을 통해 하나님이 전면에 나타나시지는 않지만 이 세상을 다스리고 계심을 깨닫습니다.

그런데 이런 일반은총으로는 설명되지 않는 일들이 있습니다. 바로 악한 자들이 세상의 권력을 차지하고 자기보다 의로운 자들을 짓밟는데도 형통하는 것이 그것입니다. 마치 불이 꺼져서 온 방안이 캄캄한 것처럼 세상이 온통 혼란과 어두움에 빠져 있는데도 하나님이 침묵을 지키실 때보다 더 성도들에게는 절망스러운 때는 없습니다. 예를 들어 전쟁이 터지면 악한 사람들만 죽는 것이 아닙니다. 의로운 사람들이 더 많이 죽습니다. 홍수나 지진이 일어날 때, 건물이 무너지거나 비행기가 추락할 때에도 선악을 막론하고 무차별적으로 많은 사람들이 죽임을 당합니다.

히틀러의 유대인 학살을 보십시오. 유대인들이라고 해서 전부 무죄했던 것은 아닙니다. 그러나 더 분명한 사실은 그들이 악해서라기보다는 히틀러 정권이 미쳐서 이런 일을 저질렀다는 것입니다. 그들은 악의 세력이었습니다. 설사 유대인들에게 죄가 있었다 해도 히틀러 정권보다는 덜했을 것입니다. 그런데도 그 수많은 사람들이 가스실에서 죽어 가는 동안 하나님은 침묵을 지키셨습니다. 하나님이 조금만 간섭하셨어도 많은 사람들이 살 수 있었을 텐데 말입니다.

《안네의 일기》 같은 책을 읽어 보십시오. 물론 안네라고 해서 한 번도 나쁜 생각을 하지 않은 것은 아닐 것입니다. 그러나 히틀러보다는 확실히 의롭지 않습니까? 하나님이 조금만 보호해 주셨더라면 얼마든지 살 수 있었는데, 결국 안네는 다른 가족들과 함께 죽고 말았습니다. 하나님은 눈이 정결하시므로 악을 참아 보지 못하신다고 했는데, 어떻게 이런 일이 일어나도록 내버려 두실 수가 있습니까?

지금도 하나님이 세상에서 침묵하실 때가 있습니다. 우리 각자의 삶에서도 침묵하실 때가 있습니다. 100퍼센트 하나님의 뜻대로 산 것은 아니지만 그래도 잘못을 깨닫고 회개하면서 도움을 간청했는데도 얼굴을 돌리시며 못 들은 체하실 때가 있습니다. 왜 그렇게 하십니까? 우리에게는 가르침만으로는 도저히 고쳐지지 않는 근본적인 문제가 있기 때문입니다. 우리 안에 있는 교만과 죄성은 아무리 좋은 교육을 받고 엄격한 훈련을 받아도 절대 없어지지 않습니다. 그래서 그것을 깎아 내기 위해 철저한 절망 가운데 몰아넣고 귀를 틀어막으시는 것입니다. 그러면 속에 있는 교만이 아주 조금 깎여 나갑니다.

우리 속에는 쇠말뚝이 하나씩 박혀 있습니다. 우리 한 사람 한 사람 속에 있는 교만의 심지가 바로 그것입니다. 전쟁으로 수많은 사람들이 죽고 예루살렘이 불타 버리고 예루살렘이 피바다로 변해야 비로소 이 쇠말뚝이 조금 깎여 나갑니다. 다 뽑히는 게 아니에요. 아주 조금 깎여 나갑니다. 하나님은 이처럼 우리 속에 있는 교만을 깎아 내기 위해 엄청난 희생을 치르십니다.

하나님이 가장 놀랍게 침묵하셨을 때가 언제입니까? 예수께서 십자가에 못 박히셨을 때입니다. 주님이 "나의 하나님, 나의 하나님, 어찌하여 나를 버리시나이까?"라고 부르짖는데도 하나님은 침묵을 지키셨습니다. 이 방법이 아니고서는 인간의 죄를 해결할 길이 없었기 때문입니다. 남들보다 좀 덜 악하다고 해서 심판을 면할 수 있는 것이 아닙니다. 하나님은 인간의 죄를 철저하게 해결하십니다. 철저한 구원 아니면 철저한 심판입니다. 그 중간은 없습니다.

오늘날 사람들은 간단한 치료만을 원합니다. 가능하면 수술 받지 않고 알약 한두 알로 치료받기를 원합니다. 그러나 믿음은 알약 한두 개로 생기는 것이 아닙니다. 대수술이 필요합니다. 그래서 예수께서 십자가에서 죽으신 것입니다. 우리는 그 은혜와 보혈로 철저하게 수술 받아야 합니다.

믿음의 세계에서는 저절로 되는 일이 하나도 없습니다. 예수 믿는다고 자동적으로 모든 문제가 해결되는 것이 아닙니다. 기도 몇 마디 하고 마음속으로 미안하다는 생각만 가진다고 해서 해결되는 게 아니에요. 예수를 믿은 후에도 하나님은 우리를 철저하게 정결케 하십니다. 고난의 용광로에 던져 넣어서 교만을 녹이시고 하나님만 신뢰하게 하신 후에야 다시 일으켜 세우십니다.

우리는 설교를 듣거나 제자훈련을 받거나 성경공부를 함으로써 거룩해질 수 있는 사람들이 아닙니다. 성령을 통해 자기 안에 있는 죄성을 철저하게 보아야 합니다. 내가 얼마나 교만하고 부패하고 못돼먹은 사람인지 피눈물을 흘리면서 깨달아야 합니다. 자기의 모습을 외면하거나 남의 탓을 해서는 안 됩니다. 자신의 가공할 죄성을 보고 스스로 사망선고를 내려야 합니다.

세상적으로도 손해보지 않고 신앙적으로도 잘 살 수 있다고 생각하는 사람은 아직 문제의 심각성을 모르는 것입니다. 백화점이 무너지고 있는데 시장바구니 챙기려고 주저할 여유가 있겠습니까? 버스가 강으로 추락하고 있는데 가방 챙기려고 머뭇거릴 여유가 있겠습니까? 그런데 우리는 너무 여유를 부리면서 신앙생활하고 있습니다. '예수님이 십자가에 못 박혀서 죽어 주셨으니까 나는 내 일이나 잘 하면 되지' 라는 생각으로 대충 신앙생활 하고 있습니다.

그러나 하나님의 사랑보다 더 진지한 사랑이 없다는 것을 아는 사람은 그렇게 살 수가 없습니다. 하나님의 사랑은 철저한 사랑입니다. 하나님께는 '대충' 이라는 것이 통하지 않습니다. 하나님은 이 세상을 다 파괴해서라도 믿는 자들에게 제대로 된 믿음을 심기 원하시며, 세상의 헛된 명예나 욕심에 속지 않고 진정으로 하나님을 사랑하는 마음을 심기 원하십니다. 그러므로 하나님이 나의 죄성을 드러내실 때 사생결단하고 그 죄에서 빠져 나와야 합니다. 자존심이나 작은 애착을 포기하고, 철저하게 말씀에 따라 걸어가야 합니다. 그러면 그 사망의 골짜기에서 놀랍게 벗어날 수 있습니다.

하박국은 하나님을 "반석"이라고 부릅니다. 이것은 하나님만 의지하면 절대 망하지 않는다는 확신의 표현입니다. 그런데 유다의 반석이신 하나님이 왜 예루살렘을 망하게 하실까요? 하박국이 몰랐던 사실이 한 가지 있습니다. 그것은 유다가 망하는 편이 더 좋다는 것입니다. 그는 망하면 끝인 줄 알았습니다. 그러나 끝이 아니었습니다.

고난을 당한다고 해서 인생이 끝나는 것이 아닙니다. 인생 밑바닥에 떨어지면 인생이 끝날 것 같지만, 막상 떨어져 보면 생각보다 견딜 만하고 유익도 있다는 것을 알게 됩니다. 감옥에 들어가면 인생이 끝날 것 같지만 오히려 마음이 편안하고 안정될 수 있습니다. 하나님의 백성들은 고난을 받으면 받을수록 더 순수해지고 정결해집니다. 신앙 없는 사람들은 환난이 오면 그것으로 끝입니다. 그러나 이상하게도 하나님의 백성들은 환난이 와야 비로소 정신을 차립니다. 그리고 차라리 터질 게 터져서 시원하다는 생각까지 하게 됩니다. 등에 커다란 고름덩어리를 이고 혹시라도 누가 건드릴까 조마조마하게 살았는데 막상 터지고 나니까 후련한 것입니다. 이처럼 터질 게 터지고 깨질 게 깨져야 반석이신 하나님을 되찾을 수 있습니다.

하나님의 백성에게 완전한 절망이란 없습니다. 이스라엘 백성들은 걸어서 홍해를 건넌 사람들입니다. 40년 동안 광야에서 살았던 사람들입니다. 태양과 달을 멈춰 세워 놓고 전쟁했던 사람들입니다. 하박국이 미리 내다보며 걱정해서 그렇지, 사실 바벨론 포로생활이 예루살렘의 타락한 생활보다 훨씬 나았습니다. 그들은 포로로 잡혀간 곳에서 오히려 반석을 되찾았습니다. 세상을 잃지 않으려고, 돈을 잃지 않으려고 몸부림쳤을 때에는 이 반석을 만나지 못했습니다. 오히려 모든 것을 잃고 바벨론에 잡혀갔을 때 이 반석을 되찾을 수 있었습니다.

바벨론의 잔인성

하박국 선지자는 하나님이 자기 백성을 그토록 잔인한 바벨론의 손에 맡기시는 것에 항의했습니다. "주께서 어찌하여 사람으로 바다의 어족 같게 하시며 주권자 없는 곤충 같게 하시나이까?"(1:14).

바벨론이 얼마나 사납기에 하박국이 이처럼 가슴을 치며 답답해하는 것일까요? 바벨론은 사람을 사람 취급하지 않았습니다.

물고기 취급하고 곤충 취급했습니다. 물고기가 수백 마리 죽었다고 통곡하는 사람이 있겠습니까? 하루살이나 개미가 수천 마리 죽었다고 애곡하는 사람이 있겠습니까? 그런데 바벨론은 그런 물고기나 하루살이를 죽이듯이 무자비하게 사람들을 죽인다는 것입니다.

15절을 보십시오. "그가 낚시로 모두 취하며 그물로 잡으며 초망으로 모으고 인하여 기뻐하고 즐거워하여."

여기에서 "낚시"는 '갈고리' 입니다. 바벨론은 포로들을 갈고리 같은 것에 꿰어서 끌고 갔던 것 같습니다. 얼마 전에 북한 당국이 탈북자들의 코를 철사에 꿰어서 끌고 갔다는 기사가 나온 적이 있습니다. 사람을 소처럼 꿰어서 끌고 갔다는 것입니다.

"초망"은 눈이 촘촘한 저인망을 가리킵니다. 저인망은 작은 물고기까지 싹쓸이를 해서 씨를 말려 버리기 때문에 법적으로는 사용하지 못하게 되어 있습니다. 그런데 바벨론이 이처럼 사람의 씨를 말릴 것입니다. 모든 사람을 잡아들여서 병든 자나 불구자들은 죽이고 쓸 만한 자들은 갈고리에 꿰어 끌고 갈 것입니다. 그들에게는 양심의 가책이나 불쌍히 여기는 마음이 전혀 없습니다. 그들이 쓸고 지나간 자리에서는 사람의 그림자도 찾아볼 수 없을 것입니다.

"그물에 제사하며 초망 앞에 분향하오니"(1:16상)는 이방인들의 풍어의식과 관련된 표현입니다. 바벨론 사람들이 마치 풍어의식을 행하듯이 그물에 제사를 드리고 초망에 분향을 한다는 것입니다. 이것은 상징적인 표현으로 보입니다. 마치 어부들이 그물에 제사를 지낸 후에 사정없이 모든 물고기를 잡아 버리는 것처럼, 바벨론도 사정없이 모든 사람을 잡아서 끌고 갈 것입니다.

원래 이스라엘 백성들은 복음으로 사람을 낚아야 할 어부들이었습니다. 그런데 그들이 그 역할을 제대로 하지 못하니까 바벨론의 악한 어부들이 와서 거꾸로 그들을 다 잡아가 버렸습니다.

세상에는 두 종류의 어부가 있습니다. 하나는 복음으로 사람을 낚는 선한 어부이고, 다른 하나는 닥치는 대로 죽이기 위해 사람을 낚는 악한 어부입니다. 선한 쪽이 이기든지 악한 쪽이 이기든지 둘 중에 하나입니다. 바벨론이 이처럼 저인망으로 사람들을 모조리 잡아가는 것은 하나님의 어부들이 정신을 차리지 못한 탓입니다. 그리스도인들이 복음의 선한 어부 역할을 하지 못하면 악한 어부들이 와서 저인망으로 싹 다 훑어가 버립니다. 어린아이, 청소년, 장년 할 것 없이 전부 멸망의 자리로 끌고 가버립니다.

하나님의 사랑은 굉장히 심각한 사랑입니다. 어느 정도로 심각합니까? 한 사람이라도 믿음에 바로 서게 하기 위해 전쟁을 허용하실 정도로 심각합니다. 하나님은 사람 속에 있는 교만을 꺾기 위해 인간적인 방법으로는 도저히 소생할 수 없을 정도로 철저하게 분해하시고 징계하십니다.

그래서 하나님의 매는 가능하면 맞지 않는 편이 좋습니다. 깡패에게 맞는 것과 부모에게 맞는 것 중에 선택하라면 누구라도 부모에게 맞는 쪽을 선택할 것입니다. 부모는 아무리 아프게 때려도 사정을 봐주기 때문입니다. 그러나 깡패에게 맞는 것과 하나님과 맞는 것 중에 선택하라면 차라리 깡패한테 맞는 편이 낫습니다. 하나님의 매는 그만큼 무섭습니다.

다윗의 전쟁은 영토를 정복하는 전쟁이 아니라 죄와 싸우는 전쟁이었습니다. 그런데 노년에 교만한 마음이 생겨서 정복하는 전쟁을 하기 위해 인구조사를 감행했습니다. 그러자 하나님이 그를 징계하기 위해 세 가지 벌을 제시하셨습니다. 7년 동안 기근을 겪든지, 3개월 동안 적에게 쫓겨다니든지, 3일 동안 온역을 당하든지 한 가지를 택하라고 하신 것입니다. 다윗은 마지막 벌을 택했습니다. 온역은 하나님이 직접 주시는 벌이니까 사정을 좀 봐주시리라고 생각했을 것입니다. 그러나 사실은 온역이 가장 무서운 벌이었습니다. 그 벌을 받을 때 다윗의 마음속에 얼마나 큰 두려움과 공포가 임했는지 모릅니다.

하나님께 맞아 본 사람들의 말이 무엇입니까? 하나님께는 절대 맞지 말라는 것입니다. 차라리 깡패한테 맞는 편이 낫다는 것입니다. 하나님의 매에는 심리적인 두려움과 철저한 절망이 동반됩니다. 하나님의 매는 몸뿐 아니라 가슴 깊이 파고듭니다. 살 소망이 완전히 끊어집니다. 사람은 아무리 미친 듯 괴롭혀도 시간이 지나면 어느 정도 기세가 꺾이게 되어 있습니다. 그러나 하나님이 징계하시면 육체적인 고통보다 마음의 두려움이 그렇게 심할 수가 없습니다. 하박국은 아무리 유다가 부패하고 타락했어도 하나님이 직접 징계하시기를 원했습니다. 바벨론은 너무나도 무자비한 나라였기 때문입니다. 그러나 하나님은 차라리 사람에게 당하는 것이 하나님께 직접 당하는 것보다 낫다고 하십니다.

그렇다면 이 매를 피할 방법은 없습니까? 하나님께도 맞지 않고 바벨론에게도 맞지 않을 방법이 무엇입니까? 그것은 미리 말씀 듣고 무릎 꿇는 것입니다. 미리 말씀의 매를 맞아 버리는 것이야말로 바벨론처럼 악한 사람들을 막는 유일한 길입니다. 하나님이 때리시기 전에 스스로 자기 몸을 때려서 복종시켜야 합니다.

하나님께서 하박국에게 이처럼 철저한 절망과 좌절을 경험하게 하신 것은 바로 이것을 우리에게 가르치시기 위해서입니다. 미리 나아가 무릎을 꿇으면 바벨론 같은 세력에 짓밟힐 필요가 없습니다. 인생 밑바닥까지 내려가 절망을 겪을 필요가 없습니다. 유다 백성들도 그렇게 했다면 그 많은 사람이 전쟁에서 죽지도 않았을 것이고, 70년의 포로생활이라는 비싼 대가도 지불하지 않았을 것입니다.

하나님께 질문하라

이미 말했듯이 하나님이 침묵을 지키실 때가 있습니다. 우리가 간절히 부르짖으면서 기도하는데도 듣지 않으실 때가 있습니다. 그럴 때 화내면서 돌아서 버리면 안 됩니다. “하나님이 내 기도를 안 들어 주시니까 나도 하나님 버리고 세상으로 가겠다”고 하면 안 됩니다. 우리는 어려울 때일수록 화를 내지 않도록 조심해야 합니다. 하나님이 침묵을 지키실 때 사실은 아주 가까이에서 우리를 지켜보고 계시기 때문입니다. 하나님은 우리의 호흡과 맥박까지 다 세고 계십니다. 그런데 왜 침묵을 지키십니까?

하나님이 우리에게 기도하라고 하시는 데에는 우리의 지각을 사용해서 하나님께 나아오라는 뜻이 담겨 있습니다. 하나님이 모든 것을 알아서 챙겨 주신다면 우리는 늘 어린아이 짓만 할 것이며, 늘 기본적인 문제를 가지고 불평할 것입니다. 그러나 하나님이 침묵하실 때, 우리는 스스로 자신의 문제를 놓고 깊이 생각하기 시작합니다. 물론 처음에는 주관적으로만 생각합니다. 나는 다 잘했고 남들은 다 잘못한 것 같습니다. 아주 사소한 문제, 지엽적인 문제, 남에게 들은 기분 나쁜 말들이 자꾸 떠오릅니다. 그런데 어느 순간부터 자신의 모습이 객관적으로 보이기 시작합니다. 여기도 썩어 있고, 저기도 썩어 있는 실체가 보이기 시작합니다. 말로는 주를 위한다고 했지만 사실은 고집과 교만으로 뭉쳐진 모습이 보이기 시작합니다. 그때부터 어린아이처럼 투정하는 태도에서 벗어나 자기 잘못을 인정하며 자기 생각을 진술하는 기도가 나오게 되는데, 그것이 바로 지각을 사용하는 기도입니다.

처음 기도할 때에는 날마다 떼먹힌 돈 이야기만 합니다. 나를 속인 사람을 원망하고 세상을 원망하고 하나님을 원망합니다. 그런데 점점 하나님 앞에 서 있는 자기 자신의 모습을 보기 시작합니다. 마치 저 위에서 남을 내려다보듯이 나를 객관적으로 바라보기 시작합니다. 그러면 이미 문제가 해결되고 있는 것입니다.

오늘 하박국의 고민을 통해 알게 되는 사실이 무엇입니까? 자신의 악을 꿰뚫어보는 눈이 중요하다는 것입니다. 하나님의 눈으로 자신을 보는 사람은 이미 시험을 이긴 것입니다. 고난 가운데 자기 교만을 깨닫고 그것을 기도로 말씀드릴 수 있는 사람은 이미 바벨론을 정복한 것입니다.

그런 사람은 인간의 겉과 속이 얼마나 다른지 압니다. 겉으로는 진실을 말해도 속에는 얼마나 많은 거짓이 있는지, 가장 겸손해 보이는 사람도 속에는 얼마나 무서운 교만이 있는지 압니다. 사람 속에는 선한 것이 하나도 없으며, 오직 선한 것은 하나님으로부터만 나온다는 것을 압니다. 하나님은 우리가 진정으로 진실해지며 진정으로 겸손해지기를 원하십니다. 그러나 그렇게 되기가 얼마나 어렵습니까? 그래서 그 어려운 일을 내 안에 이루시려고 자연을 파괴하고 전쟁을 일으키며 재난을 일으키는 일을 불사하시는 것입니다.

이 모든 사실을 깨달은 사람은 자신이 얼마나 많이 일하느냐가 중요한 것이 아니라, 하나님의 성령이 얼마나 더 많은 사람의 마음속에서 역사하시느냐가 중요하다는 사실도 알게 됩니다. 그래서 자신이 나서서 무엇을 하려 들기보다는 기도에 더 간절히 매달리게 됩니다.

내 머리로 이해되지 않는 일들이 일어날 때 하나님을 부정하거나 쉽게 신앙을 내버리지 마십시오. 그 해결되지 않는 문제를 가지고 하나님 앞에 나아가십시오. "하나님, 이 일은 정말 이해가 되지 않습니다. 왜 하나님은 이런 식으로 일을 이끌어 가십니까?"라고 질문하십시오. 그러면 그 모든 문제의 해답이 그리스도 안에 있다는 사실, 우리 인생의 모든 어려운 문제가 참 해결자이신 그리스도께로 인도하는 문이라는 사실을 깨우쳐 주실 것입니다.

사랑하는 성도 여러분, 하나님은 온 세상보다 나 한 사람을 더 사랑하십니다. 그러므로 하나님이 세상을 부수시기 전에 바른 믿음을 갖는다면, 세상도 건지고 나 자신도 건질 것입니다. 선한 어부의 역할을 포기하지 말고 적극적으로 믿음의 선한 싸움을 싸우십시오. 그것이 바벨론 같은 악의 세력이 일어날 기회를 막는 길입니다.

우리의 계획과 생각은 중요치 않습니다. 하나님의 성령이 임하여 사람들 속에서 역사하셔야 합니다. 그러므로 하나님 앞에 나아가 담대하게 기도합시다. 성령이 이 땅에 임하셔서 더 많은 사람들이 하나님께 돌아오며 더 많은 사람들이 복종하는 축복을 달라고 기도합시다.

4

해답이신 그리스도

하박국 2:1-4

[2:1] 내가 내 파수하는 곳에 서며 성루에 서리라. 그가 내게 무엇이라 말씀하실는지 기다리고 바라보며 나의 질문에 대하여 어떻게 대답하실는지 보리라. 그리하였더니

[2] 여호와께서 내게 대답하여 가라사대 "너는 이 묵시를 기록하여 판에 명백히 새기되 달려가면서도 읽을 수 있게 하라.

[3] 이 묵시는 정한 때가 있나니 그 종말이 속히 이르겠고 결코 거짓되지 아니하리라. 비록 더딜지라도 기다리라. 지체되지 않고 정녕 응하리라.

[4] 보라, 그의 마음은 교만하며 그의 속에서 정직하지 못하니라. 그러나 의인은 그 믿음으로 말미암아 살리라."

2:1-4

수년 전에 에이즈에 걸린 한 청년이 너무 좌절한 나머지 일부러 많은 사람들에게 병을 전염시키려 한 일이 있었습니다. 그 청년을 타락으로 몰고 간 것은 자신이 고칠 수 없는 병에 걸려서 죽어 가고 있다는 깊은 절망감이었습니다.

우리 주위에는 병명을 모르거나 병명을 알더라도 쉽게 치료될 수 없어서 절망하는 사람들이 많이 있습니다. 그들을 괴롭히는 것은 병이 주는 고통 그 자체보다 그 병을 고칠 길이 없다는 좌절감입니다.

하나님의 백성들도 자주 그런 좌절감에 빠집니다. 지금 감당할 수 없는 어려움 가운데 있는데 그 어려움을 이길 힘이 없을 때, 그것을 이길 가능성조차 보이지 않을 때, 아무리 기도해도 응답이 오지 않을 때, 그리스도인들도 절망이라는 심각한 병에 걸립니다. 내가 무슨 죄를 지어서 고통을 받는다면 그래도 어느 정도 감당할 수 있습니다. 그런데 내 나름대로는 신앙생활을 잘 해보려고 애썼는데도, 하나님이 보시기에는 부족한 점이 많겠지만 그래도 나는 믿음을 지키고자 노력하고 양심대로 살고자 노력했는데도 감당할 수 없는 환난이 닥쳐서 나의 생활을 파괴할 때, 마치 하나님이 전혀 믿음 없는 사람을 다루시듯이 파멸의 구덩이에 팽개쳐 버리실 때, 우리는 깊은 절망과 좌절에 빠집니다. 하나님을 향한 최소한의 기대감마저 사라지고, '차라리 안 믿는 사람들처럼 닥치는 대로 살자' 라는 심정이 되어 버립니다.

오늘 본문은 바로 이러한 상태에 대해 해답을 제시해 주고 있습니다. 하박국 선지자는 도저히 해결의 실마리가 보이지 않는 절망 가운데서도 자포자기하지 않고 끝까지 기다려서 마침내 하나님의 대답을 받아 냈습니다. 모든 그리스도인의 어려움에는 하나님의 뜻이 있습니다. 그것을 믿고 끝까지 기다리면 반드시 승리할 수 있습니다. 그런데 문제는 그때까지 기다리며 인내하기가 어렵다는 것입니다.

하나님의 대답을 기다리는 선지자

오늘 본문은 하나님의 대답을 기다리는 선지자의 모습을 먼저 보여 주고 있습니다. "내가 내 파수하는 곳에 서며 성루에 서리라. 그가 내게 무엇이라 말씀하실는지 기다리고 바라보며 나의 질문에 대하여 어떻게 대답하실는지 보리라. 그리하였더니"(2:1).

집에 위독한 환자가 있어서 119구조대에 전화를 했는데, 아무리 기다려도 오지 않는다고 합시다. 그때 심정이 어떻겠습니까? 아마도 속이 바짝바짝 탈 것입니다. 환자 한 번 들여다보았다가 밖으로 뛰어나가 구조대가 오는지 살펴보았다가 전화기를 들었다가 내렸다가 하면서 안절부절 못할 것입니다.

하박국은 예루살렘의 절망적인 상황에 대해 하나님께 도움을 요청했습니다. 그러고 나서 이스라엘 백성의 상태를 한 번 들여다보았다가 파수하는 곳에 가서 무슨 연락이 오는지 기다렸다가 하며 애를 태우고 있습니다.

선지자는 예루살렘 안에 가득 찬 악의 문제를 놓고 하나님께 질문했습니다. "하나님, 어떻게 하나님의 도성이 이렇게 타락할 수 있습니까? 어떻게 교회가 이렇게 부패할 수 있습니까?" 그런데 이 질문을 던진 것이 화근이었습니다. 하나님께서는 "예루살렘은 고치지 못한다. 곧 바벨론 군대를 보내서 멸망시킬 것이다"라고 대답하셨습니다. 하박국은 차라리 모르는 편이 나았을 대답을 들었습니다.

이럴 때 우리는 절망하지 않을 수 없습니다. 예를 들어 어떤 사람이 몸이 아파서 정밀검사를 받았는데 "이것은 불치병입니다. 당신은 채 몇 달도 살지 못할 겁니다"라는 진단을 받았다면, 그 마음이 얼마나 답답하겠습니까? 병원에 가서 피도 뽑고 조직검사도 받은 것은 살기 위해서였습니다. 그런데 그 결과가 "당신은 죽는다"라는 것이라면 얼마나 절망이 되겠습니까? 차라리 모르고 있다가 죽는 편이 낫지 않겠습니까?

하박국 선지자가 바로 그러했습니다. 그는 예루살렘을 바로 잡고 싶어서 질문을 드렸는데 "치료불가"라는 통보를 받았습니다. 게다가 그 잔인한 바벨론 군대가 쳐들어온다는 사실까지 알게 되었습니다. 이럴 때 어떻게 해야 합니까? 어차피 망할 것이라면 차라리 그때까지 실컷 먹고 마시면서 죄짓는 편이 낫지 않을까요?

그러나 선지자는 그렇게 하지 않았습니다. 망할 줄 알면서도 끝까지 예루살렘을 포기하지 않았습니다. 그는 담대하게 하나님의 구원을 요청했습니다. 그리고 바벨론을 보내실 계획 말고 다른 계획은 없으신지 알기 위해 초조하게 대답을 기다렸습니다.

선지자가 기다린 곳이 어디입니까? "파수하는 곳", "성루"였습니다. 왜 하필 파수하는 곳에 서서 기다렸을까요? 그는 하나님이 한번 말씀하시면 반드시 이행하신다는 것을 알았습니다. 그러니까 바벨론 군대는 반드시 쳐들어올 것입니다. 그는 그때까지 속이 타서 가만히 집안에 앉아 있을 수가 없었습니다. 다른 사람들은 이 예언에 귀를 기울이지 않으니, 자기 혼자서라도 성루에 서서 바벨론 군대가 쳐들어오는지 지켜보며 하나님의 대답을 기다릴 수밖에 없었습니다.

이런 태도를 통해 알 수 있는 것이 무엇입니까? 그가 예루살렘을 결코 포기하지 않았다는 사실입니다. 하박국은 예루살렘이 망한다는 것을 알면서도 끝까지 성을 지키면서 하나님의 대답을 기다렸습니다. 예루살렘이 망하지 않을지도 모른다는 기대감으로 그렇게 한 것이 아닙니다. '우리는 망해도 하나님의 뜻은 이루어질 것이다'라는 믿음으로, 한편으로는 예루살렘을 지키면서 한편으로는 하나님의 대답을 기다린 것입니다.

그는 마치 한 손에는 창을 들고 한 손으로는 기도하는 사람처럼, 절망적인 상황 속에서도 긍정적인 신앙을 가지고 끝까지 하나님을 신뢰했습니다. 그의 믿음은 번지점프를 할 때 사람의 몸을 묶는 밧줄과 같았습니다. 예루살렘은 이제 곧 절벽 밑으로 곤두박질칠 것입니다. 그래도 그는 하나님에 대한 믿음을 꽉 붙잡았고, 결국 그 믿음이 하박국 자신을 살리고 예루살렘도 살리는 구원의 밧줄이 되었습니다.

모든 일이 잘 풀릴 때 믿는 것은 그리 어렵지 않습니다. 참 믿음은 사방이 꽉 막힌 상황에서도 긍정적인 마음으로 대답을 기다리는 것입니다. 그런 믿음은 돈 몇천만 원이나 몇억 원과는 비교도 할 수 없을 만큼 엄청난 재산입니다.

하나님의 대답

드디어 하나님이 하박국에게 대답을 주셨습니다. "여호와께서 내게 대답하여 가라사대 '너는 이 묵시를 기록하여 판에 명백히 새기되 달려가면서도 읽을 수 있게 하라'"(2:2).

여기에서 판에 명백히 새기라는 것은 세월이 흘러도 지워지지 않도록 단단한 곳에 말씀을 새기라는 뜻입니다. 그뿐 아니라 달려가면서도 읽을 수 있도록 그 판을 아주 크게 만들라고 하십니다. 마치 고속도로에 큰 간판들을 세우는 것과 같습니다. 그 간판들은 얼마나 큰지 차를 타고 달리면서도 글씨를 읽을 수 있습니다.

하나님은 예루살렘을 용서하거나 치료해 주겠다고 말씀하시지 않습니다. 그 대신 말씀을 남겨 주겠다고 하십니다. 예루살렘은 폐허가 되겠지만 하박국이 전한 말씀은 그 폐허 위에 남을 것입니다.

인간의 생각과 방법은 실패하고 사라져도 하나님의 말씀은 영원히 남습니다. 그래서 예수님도 "천지가 없어지기 전에는 율법의 일점일획이라도 반드시 없어지지 아니하고 다 이루리라"(마 5:18)고 말씀하셨습니다. 권세도 없어지고 부귀 영화도 사라지지만 하나님의 말씀은 영원토록 살아서 성취됩니다. 예루살렘도 망했고, 예루살렘을 멸망시킨 바벨론도 사라졌습니다. 그러나 하박국이 전한 말씀, "의인은 그 믿음으로 말미암아 살리라"는 말씀은 살아남아서 교회가 침체될 때마다, 하나님의 백성들이 낙심할 때마다 다시 일으켜 세우는 역할을 했습니다.

우리도 사라지지 않으려면 이 영원한 말씀을 붙들어야 합니다. 사람은 사라집니다. 아무리 튼튼한 권력의 줄도 사라집니다. 그것도 아주 비참하게 사라집니다. 그러므로 목회자가 얼마나 큰 예배당에서 목회했느냐, 얼마나 많은 교인을 대상으로 목회했느냐는 전혀 중요치 않습니다. 예배당도 불타 없어지고 교인들도 흩어져 사라질 것이기 때문입니다. 오직 남는 것은 그 목회자가 전한 말씀뿐이며, 그 말씀을 듣고 변화된 교인들의 인격뿐입니다. 나머지는 다 사라지게 되어 있습니다.

예루살렘이 무너진 후 많은 사람들이 그 폐허를 지나가면서 "한때 하나님이 다스렸다는 이 성이 어떻게 이렇게 망해 버렸을까?"라고 질문할 것입니다. 그때 그들은 하박국이 세워 놓은 이 말씀의 판을 발견할 것이며, 그 판에 새겨진 말씀을 보고 예루살렘이 멸망한 이유를 알게 될 것입니다.

하나님이 말씀하시는 것이 무엇입니까? "이 묵시는 정한 때가 있나니 그 종말이 속히 이르겠고 결코 거짓되지 아니하리라. 비록 더딜지라도 기다리라. 지체되지 아니하고 정녕 응하리라"(2:3).

하나님의 묵시는 반드시 성취될 때가 있습니다. 그때가 언제입니까? 유다의 포로생활이 끝날 때입니다. 지금 당장 하나님이 적군을 막아 주시지는 않을 것입니다. 하나님의 말씀대로 예루살렘은 멸망할 것입니다. 그러나 중요한 사실은 그것이 마지막은 아니라는 것입니다. 포로생활은 반드시 끝날 것입니다. 그리고 그것은 그리 먼 미래의 일이 아닙니다. 그들의 생각에는 더디게 느껴질지 몰라도 끝까지 기다리면 반드시 회복될 것입니다.

오늘 이 말씀을 가슴에 깊이 새기시기 바랍니다. 성도의 고난에는 끝이 있습니다. 하나님이 축복하시며 회복시키실 때가 반드시 옵니다. 우리에게는 그 기간이 길게 느껴질 수도 있습니다. 때로는 그 기간이 영원히 계속될 것 같기도 합니다. 그러나 절대 그렇게 오래 끄시지 않을 것입니다. 하나님은 성도에게 불필요한 고통을 일분 일초도 더 주시지 않습니다. 하나님의 때가 되면 정확하게 그 모든 억압에서 풀어 주십니다.

그러므로 기다리십시오. 절망하지 말고 기다리십시오. 남들이 전부 나를 비웃고 침을 뱉어도 참으십시오. 저는 젊었을 때 매사에 너무 쉽게 포기하곤 했습니다. 지금 생각하면 얼마나 부끄러운지 모릅니다. 지금은 무엇이든 함부로 버리거나 포기하지 않습니다. 남이 뭐라고 하든지, 날 어떻게 취급하든지 하나님의 때가 올 때까지 기다리려고 애를 씁니다. 물론 참기 어려운 순간도 있습니다. 자포자기하고 싶고 성질대로 하고 싶고 모든 것을 내버린 채 내 멋대로 살고 싶은 마음이 솟구칠 때도 있습니다. 그럴 때 참을 수 있으려면 말씀을 들어야 합니다. 말씀을 듣지 않으면 조급해지고 사나워지며 '될 대로 되라'는 마음으로 쉽게 포기해 버리게 됩니다. 그러나 말씀을 들으면 어려움 중에서도 조금씩 믿음이 생기고 기도할 마음이 생깁니다. 물론 그렇게 기도했다고 해서 금방 하늘에서 축복이 쏟아지지는 않습니다. 그러나 절망적인 순간을 견딜 힘이 생깁니다. 하나님이 정하신 때까지 버틸 힘이 생깁니다.

때가 되면 하나님이 말할 수 없는 축복으로 채워 주신다는 것을 알면서도 우리는 기다리기가 힘듭니다. 그래서 하나님은 하박국에게 큰 글씨로 "그때가 온다. 하나님의 묵시가 이루어질 때가 온다. 그러므로 기다려라. 더디게 느껴져도 기다려라"라고 쓰게 하셨습니다. 하나님은 절대 우리를 속이시지 않습니다.

그런데 히브리서에는 이 말씀이 완전히 달리 번역되어 있습니다. "잠시 잠깐 후면 오실 이가 오시리니 지체하지 아니하시리라"(히 10:37). 여기에서 해석의 핵심이 되는 것은 하박국서에 나오는 "속히 이르겠고"라는 말씀입니다. 이 구절을 히브리서는 오실 이가 속히 오신다는 뜻으로 번역하고 있습니다.

하나님은 이스라엘 백성들에게 율법이라는 선물을 주셨습니다. 율법은 하나님이 주신 선물 중에서도 최고의 선물이었습니다. 그런데 이스라엘 백성들은 그 선물을 잘 간직하지 못하고 타락해서 멸망하고 말았습니다. 그렇다면 이것은 누구의 책임입니까? 하나님의 언약을 지키지 못한 이스라엘 백성들의 책임입니까? 그들이 언약을 지키도록 도와주시지 않은 하나님의 책임입니까?

물론 일차적으로는 이스라엘 백성들의 책임입니다. 그러나 더 중요한 사실은 그들에게 율법을 지킬 능력 자체가 없었다는 것입니다. 이것은 모든 인간의 상태를 보여 줍니다. 하나님이 아무리 좋은 복을 주셔도 인간은 그 복을 지킬 능력이 없습니다. 식물인간을 보십시오. 식물인간은 살아 있지만 아무 능력이 없습니다. 아무리 좋은 음식을 주고 좋은 물건을 주고 좋은 집을 주어도 지킬 힘이 없습니다. 우리 인간의 문제가 바로 여기 있습니다.

이 모든 인간의 무능함과 실패, 불의와 죄성에 대한 답이 무엇입니까? 오실 이가 오셔야 한다는 것입니다. 그것도 속히 오셔야 한다는 것입니다. 그가 오셔야 비로소 우리의 문제는 해결될 수 있습니다. 우리의 문제는 피상적인 데 있지 않습니다. 먹을 것만 늘고 교육수준만 높아지면 과연 행복해질까요? 아닙니다. 우리나라를 보십시오. 과거에 비해 먹을 것이 지천이고 교육수준이 이렇게 높아졌는데도 행복해지지 않았습니다. 길 가는 사람들을 붙들고 행복하냐고 물어 보십시오. 그렇다고 대답하는 사람이 드물 것입니다. 결국 문제는 마음입니다. 마음이 병들고 부패한 것이 문제인 것입니다.

왜 그리스도가 오셔야 합니까? 그분만이 우리의 마음을 고치실 수 있기 때문입니다. 우리의 어두운 마음에 은혜의 빛을 비추실 수 있고, 죽어 있는 마음에 하나님의 생명을 흘려보내실 수 있기 때문입니다.

사람들은 법을 엄격하게 시행하면 죄가 줄어들 것이라고 생각합니다. 율법은 법 중에 최고의 법이었습니다. 그런데도 예루살렘은 부패해서 망해 버렸습니다. 옛날 유럽에서는 빵 하나만 훔쳐도 처형할 정도로 엄격하게 법을 시행했습니다. 그러나 가난한 사람들만 걸려서 잔인한 처벌을 받았을 뿐, 돈 많고 힘센 악인들은 전부 법망을 피해서 잘 먹고 잘 살았습니다. 이처럼 인간의 죄성은 법보다 강합니다. 그러면 어떻게 해야 합니까? 법보다 강하고 죄성보다 강한 분이 오셔야 합니다.

그리스도야말로 우리의 모든 어려움과 절망과 실패에 대한 해답이십니다. 이 말을 뒤집으면 우리의 능력과 실패에 너무 절망하거나 실망하지 말라는 뜻이 됩니다. 우리나 자기 자신이나 남들에게 그렇게 실망하는 이유가 무엇입니까? 기대하는 바가 있기 때문입니다. 그러나 하나님은 "너희 자신에게 그렇게 기대하지도 말고 그렇게 실망하지도 말아라. 어차피 너희 힘으로는 문제를 해결할 수 없다. 답은 오직 여기에만 있다"고 말씀하십니다. 하나님을 철저하게 믿으면 답이 나타납니다. 예수 그리스도의 십자가는 우리 자신의 부족함과 무능함 대신 하나님을 바라보게 만듭니다.

인간이 어떻게 최고의 상태에 도달할 수 있습니까? 겉모습을 꾸미는 것으로는 안 됩니다. 우리 안에 있는 죄의 사슬이 끊어지고 하나님의 성령이 임할 때에야 비로소 최고로 강하고 지혜롭고 아름다워질 수 있습니다. 그 일을 해 주시는 분이 바로 그리스도십니다.

'내일부터는 열심히 기도해야지' 했는데 기도는커녕 사람들과 다투기만 했을 때, '이번 주에는 성경을 많이 읽어야지' 했는데 성경은 한 장도 못 읽고 텔레비전만 잔뜩 보았을 때 우리는 '내가 이 정도밖에 안 되나?' 하면서 실망합니다. 그러나 십자가를 바라보는 사람은 실망하기보다 '내가 이 정도니까 예수님이 죽으셨지. 이럴수록 나는 더 하나님을 바라볼 수밖에 없어' 라고 생각합니다. 이처럼 자신의 실패를 기꺼이 받아들일 수 있는 것은 하나님께 대한 믿음이 있기 때문입니다.

그러므로 자기 자신에게 너무 실망하지 마십시오. 남에 대해서도 너무 실망하지 마십시오. 실패하는 것이 우리의 정상적인 모습입니다. 사회가 혼란스럽고 어지럽다고 해서 놀라지도 마십시오. 그것이 인간의 원래 상태입니다.

우리의 문제는 마음에 있습니다. 사람들은 경제력이나 학벌이나 외모가 문제라고 생각합니다. 그러나 그것은 지엽적인 것에 불과합니다. 무엇보다 마음이 치료되어야 합니다. 그리고 마음이 치료되려면 그리스도가 오셔야 합니다.

유대인들은 이스라엘이 포로생활에서 회복되는 일과 그리스도가 오시는 일이 거의 동시에 일어난다고 생각했습니다. 그러나 실제로는 그 사이에 400년의 간격이 있었습니다. 하나님은 400년 동안 그리스도를 기다리게 하셨습니다.

교향곡을 들어 보면 한 주제에서 다른 주제로 넘어갈 때 침묵의 시간이 있다는 사실을 알게 됩니다. 그 침묵의 시간이 아주 중요합니다. 그때 앞서 느꼈던 감정을 정리하고 다음에 펼쳐질 주제를 기대하게 되기 때문입니다. 그 새로이 펼쳐질 주제가 중요하면 중요할수록 침묵의 시간은 길어집니다. 400년에 걸친 침묵의 시간은 이제 펼쳐질 위대한 사건을 기대하며 기다리는 기간이었습니다. 이스라엘 백성들에게는 그 400년이 너무나 길게 느껴졌을지도 모릅니다. 그러나 그리스도의 오심이라는 사건의 엄청남에 비할 때 400년은 결코 긴 기간이 아니었습니다.

우리 주변에도 많은 문제가 있고 우리 자신에게도 많은 문제가 있습니다. 그런데 우리는 남을 도울 능력은커녕 자신의 문제를 해결할 능력조차 없습니다. 그에 대해 하나님이 내놓으신 해답이 무엇입니까? 그리스도입니다. 그리스도는 우리의 모든 문제, 모든 어려움의 해답이십니다. 지금 어려움을 겪고 있습니까? 역경에 빠져 있습니까? 하나님이 준비하신 해답을 붙드십시오. 그리스도라는 열쇠로 열지 못할 문은 하나도 없습니다. 아무리 굳게 닫힌 문도 이 열쇠로 열면 다 열리게 되어 있습니다. 단지 우리가 믿지 못하고 기다리지 못하는 것이 문제일 뿐입니다. 그러므로 기다리십시오. 온 힘을 다해 하나님을 소망하며 기다리십시오.

저는 오늘 설교를 준비하면서 굉장히 마음이 기뻤습니다. '이렇게 못나고 무력한 나에게 하나님이 무엇을 주려고 하실까'에 대한 대답을 이제 완전히 알게 되었기 때문입니다. "너 자신에 대해 실망하지 말아라. 너 자신의 넘어진 모습까지 사랑해라. 그리고 오직 전심으로 나를 바라보아라"라는 것이 그 대답이었습니다. 우리는 남을 도와줄 능력이 없습니다. 그러나 하나님을 소망하면서 나아가다 보면 빛이 생깁니다. 그리고 그 빛을 본 사람들은 신선한 충격을 받습니다. 이렇게 어려운 상황에서도 믿음을 가지고 사는 사람이 있다는 사실에 충격을 받습니다. 그 믿음의 빛이 불의를 몰아내고 미신을 몰아내고 절망을 몰아내는 것입니다.

믿음이 답입니다. 그냥 하나님을 믿으십시오. 마치 번지점프를 하는 사람처럼 믿음의 밧줄에 몸을 붙들어 매고 절벽으로 떨어지십시오. 불안해하지 마십시오. 하나님의 선하심과 진실하심을 믿으십시오. 그러면 역사가 일어납니다.

하나님을 믿는 사람은 다른 사람들도 믿어 줄 수 있습니다. 오늘날 우리 사회의 문제는 서로간에 믿음이 없다는 것입니다. 자식도 부모를 믿지 않고 부모도 자식을 믿지 않습니다.

"11시부터 12시 사이에 어디 있었어?"

"친구들하고 있었다니까요."

"그 친구들 이름이랑 전화번호 전부 대."

직원도 사장을 믿지 않고 사장도 직원을 믿지 않습니다. 학생들도 선생님을 믿지 않고 선생님도 학생들을 믿지 않습니다. 교인도 목사를 믿지 않고 목사도 교인을 믿지 않습니다. 온통 불신으로 꽉 차 있습니다. 그러나 하나님을 믿으면 두려움이 사라져서 서로 믿어 줄 수 있습니다. 믿음이 답입니다. 하나님을 믿으십시오. 사람을 믿어 주십시오. 그러면 어두움이 물러나기 시작할 것입니다.

의인은 그 믿음으로 살리라

하나님은 이 답답하고 불안한 시기를 의인들이 어떻게 살아갈 것인지에 대해 말씀해 주십니다. "보라, 그의 마음은 교만하며 그의 속에서 정직하지 못하니라. 그러나 의인은 그 믿음으로 말미암아 살리라"(2:4).

교만하고 정직하지 못한 "그"가 누구입니까? 예루살렘으로 쳐들어오는 바벨론 사람들입니까? 멸망을 앞두고 있는 예루살렘 사람들입니까? 일차적으로는 바벨론 사람들을 가리킵니다. 연이어 바벨론 사람들의 죄를 지적하시기 때문입니다. 그러나 바벨론 사람들만 마음이 교만하며 정직하지 못한 것은 아닙니다. 성령으로 새로워지지 못한 사람은 모두 교만하며 정직하지 못합니다.

여기에서 "교만하며"라는 것은 자기 자신을 절대적으로 신뢰한다는 뜻입니다. 자기 생각, 자기 감정, 자기 느낌만 믿는다는 뜻입니다. 교만한 사람은 자기 자신을 하나님과 같은 절대적인 위치에 올려놓고 자기 생각 외에 다른 것은 하나도 믿지 않습니다. 이런 사람은 자신이 변해야 한다는 생각을 하지 않습니다. 자신은 아무 문제가 없는데 여건이 따라 주지 않는 것이 아쉬울 뿐이라고 생각합니다.

가끔 자신이 처음부터 잘못 태어났다고 생각하는 사람들이 있습니다. 환경이 너무 불우하거나 신체적인 장애가 심하거나 부모 형제에게 버림받아 정체성을 잃어버렸을 때, 자신은 처음부터 잘

못 태어난 존재라고 생각하면서 자포자기하는 것입니다. 그러나 대부분의 사람들은 '나는 똑똑하고 유능한데 환경이 받쳐주지 못해서, 때를 잘못 타고나서 성공하지 못했다'고 생각합니다. 그래서 변할 생각을 하지 않습니다.

"그의 속에서 정직하지 못하니라"라는 것은 중심이 뒤틀려 있다는 뜻입니다. 옳은 것을 보면 옳다고 인정해야 하는데, 오히려 악하게 뒤틀어 놓고 거부하는 것입니다. 히브리서는 이 구절을 다음과 같이 번역하고 있습니다. "오직 나의 의인은 믿음으로 말미암아 살리라. 또한 뒤로 물러가면 내 마음이 저를 기뻐하지 아니하리라 하셨느니라. 우리는 뒤로 물러가 침륜에 빠질 자가 아니요 오직 영혼을 구원함에 이르는 믿음을 가진 자니라"(히 10:38-39).

히브리서는 "그의 마음"을 "내 마음"으로, "교만하며"를 "뒤로 물러가면"으로, "정직하지"를 "기뻐하지"로 바꾸어 번역합니다. 신약 시대 성도들은 히브리어 성경이 아니라 헬라어로 번역된 70인경을 사용했습니다. 그런데 70인경은 우리나라 《현대인의 성경》처럼 의역이 많은 성경입니다.

히브리어 성경의 원래 의미는 '지금 성공하고 잘되는 사람들은 다 교만하고 거짓된 사람들이다. 그러나 하나님의 백성들은 일시적인 성공을 바라지 말고 끝까지 하나님을 의지하는 믿음으로 살라'는 것입니다. 그런데 히브리서는 여기에서 한 걸음 더 나아가 '모든 것이 내 뜻대로 되지 않고 오히려 악한 자들이 잘된다고 해서 뒤로 물러가 침륜에 빠지면 하나님이 기뻐하시지 않는다'라는 뜻으로 번역하고 있습니다.

히브리서는 히브리어 성경을 더 구체적으로 적용한 것으로 보입니다. 뒤로 물러가서 침륜에 빠지는 것이 무엇입니까? 하나님 바라보기를 포기하고 자포자기하며 사는 것입니다. 즉, 우리 식으로 말하면 영적 침체에 빠지는 것입니다. 영적 침체가 무엇입니까? 믿음을 사용하지 않는 것입니다. 자기 속에 일어나는 분노의 감정이나 낙심의 감정에 자신을 내던져서 '될 대로 되라'는 식으로 나자빠지는 것입니다.

그러나 그럴 때 가만히 있으면 안 됩니다. 마음이 낙심되고 화가 나고 주저앉고 싶을 때, 자신의 작은 믿음을 자꾸 불러일으켜서 침체되거나 낙심되지 않도록 싸워야 합니다. 사람이 전혀 낙심하지 않고 화내지 않기란 불가능합니다. 그러나 낙심해도 조금만 낙심해야 하고 화를 내도 조금만 내야 합니다. 그럴 때 하나님이 얼마나 기뻐하시는지 모릅니다. 자꾸 주저앉는 마음을 추슬러서 밑바닥까지 내려가지 않는 것은 굉장한 믿음입니다. 그 믿음이 하나님을 기쁘시게 합니다.

오늘 본문에서 하나님은 모든 문제의 답을 한마디로 요약해 주고 계십니다. 그것이 무엇입니까? "의인은 그 믿음으로 말미암아 살리라"는 것입니다. 결과는 하나님께 맡기십시오. 학생은 자기의 시험지를 스스로 평가할 수 없습니다. 평가는 선생님께 맡겨야 합니다. 마찬가지로 우리는 지금 우리가 하는 행동의 의미와 가치를 전부 알지 못합니다. 그 평가는 하나님께 맡겨야 합니다. 잘했으면 잘한 대로, 못했으면 못한 대로 하나님께 맡겨야 합니다. 그리고 낙심하거나 침체되지 않고 자신의 작은 믿음을 지키려고 애써야 합니다. 매사에 너무 완벽하게 잘하려 들지 마십시오. 우리는 그럴 수 없는 사람들입니다. 하나님은 우리가 지나치게 잘하기를 원치 않으십니다. 낙심하지 않고, 침체되지 않고, 주어진 그 상황에서 자기 나름대로 최선만 다해도 기뻐하십니다.

여기에서 "살리라"라는 것은 목숨만 부지한다는 뜻이 아닙니다. 하나님의 생명이 넘치는 활력적인 삶을 산다는 뜻입니다. 어떻게 그렇게 살 수 있습니까? 죽어 가는 짐승을 보면서 눈물을 흘리는 것은 산 제사가 아닙니다. 정말 산 제사는 죽어 가는 짐승을 바라보는 대신 살아 계신 하나님을 바라보는 것입니다. 그러면 믿음이 생깁니다. 죽어 가는 나 자신의 모습을 보면 안 됩니다. 자신의 실패에서 눈을 떼지 못하는 것은 믿음이 아닙니다. '내가 바로 이런 사람이니까 예수님을 보내 주셨지. 나는 아무것도 할 수 없지만 하나님은 모든 것을 하실 수 있어' 라고 생각해야 합니다. 그러면 마음이 기쁘고 뜨거워지면서 무엇이든지 할 수 있다는 자신감이 생깁니다. 그것이 믿음으로 사는 삶입니다.

예배를 제대로 드렸을 때 나타나는 현상이 무엇입니까? 나는 사라지고 예수님이 나를 채우시는 것입니다. 주님이 내 마음을 채우시고 생각을 채우시고 몸을 채우십니다. 우리 힘으로는 능력 있게 살 수 없습니다. 오직 그리스도로 채워질 때 능력 있게 살 수 있습니다. 자전거를 탈 때 넘어질 것을 걱정하는 사람은 앞으로 나아가지 못합니다. 넘어질 때 넘어지더라도 계속 페달을 밟아야 합니다. 넘어지면 넘어질수록 하나님을 더 바라보는 것이 믿음입니다.

하박국 당시에 예루살렘은 전혀 소생할 가능성이 없었습니다. 바벨론 군대는 반드시 쳐들어올 것이며 예루살렘은 폐허가 될 것입니다. 그러나 하박국은 포기하거나 도망치지 않았습니다. 어떤 절망적인 상황에서도 하나님이 그 선하심과 인자하심으로 지켜 주신다는 믿음이 있었기 때문입니다.

아무리 하나님의 심판이 극렬해도 그 한복판에는 안전지대가 마련되어 있습니다. 어려움이 닥치기 전에는 그 어려움을 당하는 즉시 죽을 것 같지만, 막상 어려움에 처해 보면 그 한복판에 하나님의 안전지대가 있음을 발견하게 됩니다. 하나님이 선을 딱 그어 놓고 마귀의 세력이 절대 넘어오지 못하도록 막고 계신 것이 느껴집니다. 저쪽에서 한 걸음만 더 밀어붙이면 완전히 망할 텐데, 이상하게 무언가 눈에 보이지 않는 선이 있어서 그 이상 못 밀고 들어오는 것이 느껴집니다.

욥이 시험을 당할 때에도 하나님은 선을 분명히 그어 놓으셨습니다. 처음에는 가축까지, 그 다음에는 재산까지, 그 다음에는 자녀들까지, 그 다음에는 육체까지 손을 대게 하시고 그 이상은 절대 접근하지 못하게 하셨습니다. 우리가 감당할 수 없는 시험은 절대 오지 않습니다. 미리 겁먹지 마십시오. 어려움이 와도 반드시 피할 길이 있습니다. 그럴 때 중요한 것은 말씀을 듣는 것입니다. 그러면 외부적인 상황이 아무리 절망적이어도 마음의 평안을 지킬 수 있습니다. 그리고 때가 되면 나의 능력과 상관없이 하나님이 문제를 해결하기 시작하십니다.

모든 문제의 답은 믿음입니다. 하나님을 믿으십시오. 그러면 역사가 일어나게 되어 있습니다. 하나님을 믿는 자는 다른 사람들도 믿어 줄 수 있습니다. 그는 사람의 연약함을 알기 때문에 많은 것을 기대하지 않습니다. 그래서 오히려 믿어 줄 수 있습니다. 이 모든 것의 열쇠는 그리스도십니다. 그리스도만이 믿음을 주실 수 있고, 성령의 능력을 주실 수 있습니다.

하나님이 예루살렘의 폐허 속에 하박국이 전한 말씀을 남기셨

듯이, 오늘 이 절망적인 상황 속에도 믿음을 가지고 싸운 성도들을 남기십니다. 그것도 그냥 남기시는 것이 아닙니다. 폐허 속에서 기쁨으로 춤을 추게 하십니다. 전심으로 찬양하게 하십니다. 그 성도들을 통해 온 세상에 하나님의 살아 계심을 선포하십니다.

하박국이 전한 말씀은 지금도 살아 있습니다. "의인은 그 믿음으로 말미암아 살리라!" 이 말씀은 교회가 병들고 침체될 때마다, 인간의 힘에 의지하려고 할 때마다, "아니, 우리를 살리는 것은 하나님의 능력이다"라고 일깨워 주었습니다. 로마서에서도, 갈라디아서에서도, 루터가 종교개혁을 일으켰을 때에도 이 말씀은 살아서 역사했습니다.

사랑하는 여러분, 우리 힘으로 살려 들면 이상하게 힘이 더 빠지고 결국에는 실패하게 되어 있습니다. 우리의 모든 계획, 복잡한 생각, 자존심 전부 십자가에 못 박고 온 힘을 다해 하나님을 바라보십시오. 그것만이 우리를 살리는 힘이요, 폐허 속에서도 춤추게 만드는 능력입니다.

5

바벨론의 죄

하박국 2:5-14

[2:5] "그는 술을 즐기며 궤휼하며 교만하여 가만히 있지 아니하고 그 욕심을 음부처럼 넓히며 또 그는 사망 같아서 족한 줄을 모르고 자기에게로 만국을 모으며 만민을 모으나니

[6] 그 무리가 다 속담으로 그를 평론하며 조롱하는 시로 그를 풍자하지 않겠느냐? 곧 이르기를 '화 있을진저, 자기 소유 아닌 것을 모으는 자여! 언제까지 이르겠느냐? 볼모 잡은 것으로 무겁게 짐진 자여,

[7] 너를 물 자들이 홀연히 일어나지 않겠느냐? 너를 괴롭게 할 자들이 깨지 않겠느냐? 네가 그들에게 노략을 당하지 않겠느냐?

[8] 네가 여러 나라를 노략하였으므로 그 모든 민족의 남은 자가 너를 노략하리니 이는 네가 사람의 피를 흘렸음이요 또 땅에, 성읍에, 그 안의 모든 거민에게 강포를 행하였음이니라' 하리라.

[9] 재앙을 피하기 위하여 높은 데 깃들이려 하며 자기 집을 위하여 불의의 이를 취하는 자에게 화 있을진저!

[10] 네가 여러 민족을 멸한 것이 네 집에 욕을 부르며 너로 네 영혼에게 죄를 범하게 하는 것이 되었도다.

[11] 담에서 돌이 부르짖고 집에서 들보가 응답하리라.

[12] 피로 읍을 건설하며 불의로 성을 건축하는 자에게 화 있을진저!

[13] 민족들이 불탈 것으로 수고하는 것과 열국이 헛된 일로 곤비하게 되는 것이 만군의 여호와께로서 말미암음이 아니냐?

[14] 대저 물이 바다를 덮음같이 여호와의 영광을 인정하는 것이 세상에 가득하리라."

2:5-14

주인 있는 숲이 있었습니다. 그런데 그 주인이 거의 나타나지 않았기 때문에 사람들은 그 숲을 자기 것처럼 자유롭게 사용했습니다. 어느 날, 그 숲에 아주 힘센 사람이 나타났습니다. 그는 숲의 주인도 아니면서 그 숲을 사용하는 사람들의 물건을 빼앗고 그들을 종처럼 부리기 시작했습니다. 힘없는 사람들을 착취해서 숲속에 근사한 집을 짓고, 아무도 얼씬대지 못하게 했습니다. 그는 너무 고약한 사람이어서 좋지 않은 소문이 많이 퍼졌습니다. 본인만 모를 뿐이었습니다. 그러던 어느 날, 진짜 주인이 나타났습니다. 주인은 이 고약한 사람을 내쫓고 그 집을 허물어 버렸습니다. 사람들은 이 주인을 새로운 눈으로 보게 되었고, 이 주인이 얼마나 능력 있으며 권세 있는 사람인지 깨닫게 되었습니다. 결국은 그 악당 때문에 주인의 명성만 더 높아졌습니다.

이것은 오늘 본문을 이야기로 꾸며 본 것입니다. 우리 주위에도 이런 일들이 간혹 일어납니다. 주인이 아니면서도 주인 행세를 하면서 농사를 짓거나 집을 짓는 사람들이 있습니다. 그러다가 진짜 주인이 나타나서 철거하라고 하면, 결국 그 모든 것을 뽑거나 허물 수밖에 없습니다.

바벨론 사람들은 이 세상에 주인이 없는 줄 알았습니다. 그래서 자신의 힘을 믿고 주변 나라들을 침략했고, 이 침략 전쟁으로 순식간에 큰 부귀와 영화를 움켜쥐었습니다. 그들은 힘들게 자기 손으로 농사지을 필요가 없었습니다. 칼만 들고 돌아다니면 얼마든지 부자가 될 수 있는데 굳이 비지땀을 흘려 가며 농사지을 필요가 뭐가 있었겠습니까? 바벨론 사람들은 주변의 수많은 사람들을 노예로 끌고 가 크고 견고한 성을 쌓았습니다. 그것은 어느 누구도 무너뜨릴 수 없는 난공불락의 성이었습니다. 자기들은 마음대로 다른 나라를 침략해도, 다른 나라는 자기들을 침략할 수 없게 만든 것입니다.

그러나 중요한 문제는 남이 침략할 수 있느냐 없느냐가 아니라 온 세상의 주인이신 하나님께서 바벨론의 권리를 인정해 주시느냐 인정하시지 않느냐 하는 것입니다. 하나님은 그들의 권리를 인정하지 않으셨습니다. 따라서 바벨론은 한순간에 몰락하고 그 성은 파괴될 것입니다. 그리고 하나님의 명성만이 물이 바다를 덮음같이 온 땅을 뒤덮을 것입니다.

20세기에도 바벨론 같은 사고방식을 가진 자들이 있었습니다. 독일의 히틀러나 일본의 군국주의자들이 바로 그들입니다. 그들은 무력으로 온 세상을 정복할 수 있다고 믿고 주변 나라들을 침략했습니다. 그러나 하나님이 권리를 인정하지 않으시니 모두 멸망하고 말았습니다. 그리고 하나님의 존재에 대한 지식이 온 땅에 퍼지게 되었습니다.

바벨론의 욕심

지금까지 하나님과 하박국 선지자 사이에 주고받은 대화의 내용이 무엇입니까? 하나님이 범죄한 유다와 예루살렘을 바벨론의 손에 넘겨 멸망시키시는 일이 옳으냐 하는 것입니다. 하나님은 인간의 모든 악을 해결하는 방법은 오실 그이가 오시는 것밖에 없다고 말씀하셨습니다. 그리고 의인은 오직 믿음으로 산다고 말씀하시면서, 어떤 경우에도 의인은 하나님께 대한 믿음을 잃어서는 안 된다고 하셨습니다. 짧은 시간에는 어떤 것이 하나님의 뜻인지 알 수 없습니다. 그럼에도 불구하고 의인은 철저하게 하나님을 믿고 그 역경 가운데서 견디라는 것입니다. 그러면 하나님의 뜻과 섭리가 분명히 드러나는 때가 옵니다.

우리가 이 세상에서 버틸 수 있는 힘은 단 하나, 믿음밖에 없습니다. 짧게 보면 하나님이 나를 버리신 것 같고 사랑하지 않으시는 것 같고 오히려 불의한 방법으로 자기 힘을 써서 사는 사람들이 훨씬 더 형통한 것 같습니다. 그러나 하나님은 현실이 모순될수록 의인은 더욱더 믿음으로 살아야 한다고 말씀하십니다. '하나님은 모든 것을 알고 계시고 다스리고 계시며 나에 대해 선한 뜻을 가지고 계시다'는 것을 믿어야 한다고 말씀하십니다.

이처럼 하나님은 아무리 힘들고 어려워도 침체되지 말고 그분이 찬양받으실 분임을 잊지 말라고 강조하신 후에, 바벨론의 죄를 지적하십니다. 우리는 이 순서가 잘 이해되지 않습니다. 유다가 망하기 전에 바벨론의 죄를 지적하신다면 그래도 일말의 희망이 있을 것입니다. 그런데 다 망한 후에 바벨론의 죄를 지적하고 멸망을 말씀하시는 것이 무슨 소용이 있습니까? 그야말로 소 잃고 외양간 고치는 격 아닙니까? 그러나 성경은 끝까지 읽어 보아야 합니다. 그래야 앞에 나온 말씀의 뜻을 이해할 수 있습니다.

성경은 바벨론의 욕심에 대해 어떻게 말하고 있습니까? "그는 술을 즐기며 궤휼하며 교만하여 가만히 있지 아니하고 그 욕심을 음부처럼 넓히며 또 그는 사망 같아서 족한 줄을 모르고 자기에게로 만국을 모으며 만민을 모으나니"(2:5).

하나님은 술 이야기를 먼저 꺼내고 계십니다. "술을 즐기며"가 히브리어 성경에는 '술을 배반하며'로 되어 있습니다. 무슨 뜻입니까? 사람이 술을 마시면 굉장한 착각이 일어나서 세상이 전부 자기 것처럼 보입니다. 상황이 어려울수록 술을 더 마시는 것은 일시적으로나마 고민이나 걱정을 잊을 수 있기 때문입니다. 술이 들어가면 사람이 이상하게 변합니다. 평소에는 말이 없던 사람도 막 큰소리를 칩니다. 그러나 막상 깨고 나면 현실은 아무것도 달라진 것이 없습니다.

하나님은 바벨론이 바로 술 취한 사람과 같다고 말씀하십니다. 지금 바벨론은 세상이 전부 자기 것인 양 착각하고 있습니다. 그러나 술이 깨고 나면 어떻게 됩니까? 아무것도 남지 않습니다. 술은 사람을 배반하고 속여서 마치 자신이 대단한 사람인 양, 무엇이든 할 수 있는 양 착각하게 만들지만 실제로는 그렇지 않습니다.

바벨론은 세상이 자기 것인 양 착각해서 음부처럼, 죽음처럼 욕심을 넓혔습니다. 원래 지옥은 만족을 모릅니다. 아무리 사람이 많이 죽어도 만원이 되는 법이 없습니다. 입을 크게 벌리고 한없이 더 많은 사람들이 오기를 기다립니다. 바벨론이 바로 그러했습니다. 그들의 욕심은 지옥 같고 죽음 같았습니다. 아무리 채우고 채워도 만족할 줄을 몰랐습니다. 그들은 욕심에 중독되었습니다. 원래 중독된 사람은 만족할 줄 모르는 법입니다. 그들은 눈에 뜨이는 좋은 것은 모조리 빼앗고, 똑똑하고 재주 있는 사람은 모조리 잡아서 바벨론으로 끌고 갔습니다.

그래서 세상 사람들이 어떤 욕을 하게 된다고 합니까? "그 무리가 다 속담으로 그를 평론하며 조롱하는 시로 그를 풍자하지 않겠느냐? 곧 이르기를 '화 있을진저, 자기 소유 아닌 것을 모으는 자여! 언제까지 이르겠느냐? 볼모 잡은 것으로 무겁게 짐진 자여, 너를 물 자들이 홀연히 일어나지 않겠느냐? 너를 괴롭게 할 자들이 깨지 않겠느냐? 네가 그들에게 노략을 당하지 않겠느냐?"(2:6-7).

"속담"과 "조롱하는 시"는 당사자가 알아들을 수 없도록 비유로 만든 말이나 노래를 가리킵니다. 직접적으로 비판하면 보복을 당할 테니까 상대방이 알아채지 못하도록 속담이나 노래를 만들어 퍼뜨리는 것입니다. 일제 시대 때 우리나라 사람들이 불렀던 '울 밑에 선 봉선화야'나 군사독재 시절에 불렀던 '아침이슬' 같은 노래가 바로 그런 것입니다. 울 밑에 선 봉선화가 처량하다는데 무슨 트집을 잡겠습니까? 잠이 안 와서 긴 밤 지새우겠다는데 무슨 말을 하겠습니까? 무언가 낌새는 이상하고 기분은 나쁘지만 딱히 걸고넘어질 데가 없습니다. 그러나 그 평범해 보이는 가사 속에는 악한 세력이 다스리는 세상에 대한 허무주의나 불의에 저항하는 정신이 담겨 있습니다. '지금은 우리가 힘이 없어서 당하고 있지만 언젠가는 반드시 너희의 불의를 갚아 주겠다'는 메시지가 담겨 있습니다.

이런 속담이나 노래가 사람들의 입에 오르내린다는 것은, 그만큼 권력자에 대한 저항정신이 널리 퍼져 있다는 뜻입니다. 지금은 힘으로 누르니까 어쩔 수 없이 복종하고 있지만, 그 힘에 조금이라도 균열이 생기면 그 즉시 이 저항세력들이 고개를 들고 일어날 것입니다.

하박국 당시 사람들이 부르는 노래의 내용이 무엇입니까? 남의 물건을 지고 가는 욕심쟁이에 대한 것입니다. 남의 짐도 오래 지고 가면 자기 것이 된다는 이상한 생각을 가진 욕심쟁이가 무겁게 짐을 지고 가고 있습니다. 그러다가 진짜 주인이 나타나서 그 짐을 내놓으라고 하면 어떻게 되겠습니까? 그 즉시 짐을 내놓고 부끄럽게 떠나가야 합니다. 바벨론 사람들은 무엇이든지 빼앗으면 자기 것이 되는 줄 알았습니다. 그러나 하나님은 그들의 권리를 인정하지 않으셨습니다. 결국 그들은 남의 짐을 지고 가느라 고생만 실컷 하고 정작 그 짐은 빼앗기고 마는 어리석은 욕심쟁이의 처지가 될 것입니다.

나치 독일이나 일본 군국주의자들도 다른 나라를 힘으로 빼앗으면 자기 것이 되는 줄 알았습니다. 그래서 폴란드도 침략하고 체코슬로바키아도 침략하고 만주에도 괴뢰정부를 세웠습니다. 그러나 하나님은 그들의 권리를 인정하지 않으시고 전부 빼앗아 버리셨습니다. 결국 그들은 빈손으로 자기 나라로 돌아가야 했습니다.

8절을 보십시오. "'네가 여러 나라를 노략하였으므로 그 모든 민족의 남은 자가 너를 노략하리니 이는 네가 사람의 피를 흘렸음이요 또 땅에, 성읍에, 그 안의 모든 거민에게 강포를 행하였음이니라' 하리라."

주위의 말없는 사람들, 가족을 잃어버리고 나라를 빼앗긴 모든 사람들은 바벨론의 잠재적인 적이었습니다. 기회만 주어지면 곧 바로 바벨론에게 복수할 사람들이었습니다. 그런데도 바벨론은 그것을 깨닫지 못했습니다.

바벨론의 자기방어

이렇게 무리해서 다른 나라를 점령하는 자들은 아무래도 신변에 불안을 느끼게 되어 있습니다. 그래서 어떻게 합니까? 가능한 모든 방법을 동원해서 방어책을 마련합니다. "재앙을 피하기 위하여 높은 데 깃들이려 하며 자기 집을 위하여 불의의 이를 취하는 자에게 화 있을진저!"(2:9).

"재앙을 피하기 위하여 높은 데 깃들이려 하며"라는 것은 독수리의 습성을 빗댄 표현입니다. 보통 새들은 나뭇가지에 둥지를 트는데, 그 둥지는 뱀이나 다른 짐승들의 습격을 당할 가능성이 큽니다. 그래서 독수리는 절대로 공격자가 접근할 수 없는 높은 절벽 중간에 둥지를 틉니다. 거기까지 올라와서 독수리 알을 꺼내 갈 짐승이나 사람은 없기 때문입니다.

바벨론이 높은 데 깃들이려 했다는 것은 그들이 성을 높이 쌓았다는 뜻입니다. 그들은 마치 절벽처럼 높은 성을 쌓아서 아무도 접근하지 못하게 했습니다. 바벨론은 완전히 독수리 요새였습니다.

그런데 그들은 그 엄청난 성을 돈 한 푼 안 들이고 남의 수고로 지었습니다. 사방에서 붙잡아 온 전쟁포로들의 손으로 이 높은 성을 쌓은 것입니다. 그래서 "담에서 돌이 부르짖고 집에서 들보가 응답하리라"(2:11)고 말씀하고 있습니다. 성을 쌓는 과정에서 얼마나 많은 사람들이 죽고 피를 흘렸는지, 돌 하나하나에 그들의 부르짖음이 담겨 있으며 들보 하나하나가 그 부르짖음에 응답한다는 것입니다. 그 성은 원한과 분노로 쌓은 성이었습니다.

바벨론은 쓸데없는 데 힘을 쏟았습니다. 그들이 아무리 튼튼한 성을 쌓고 다른 나라에서 약탈한 물건으로 그 성을 채운다고 해도 그것은 그들 차지가 되지 못할 것입니다. 그런데도 바벨론이 모든 민족을 동원하여 이런 짓을 하도록 내버려 두신 이유가 무엇입니까?

그것은 모든 민족들이 지금까지 헛된 일들만 해 왔기 때문입니다. 하나님이 주신 인생을 일분 일초라도 아껴서 가치 있게 보내야 하는데, 다들 허황된 생각에 빠져서 헛된 일들만 하고 있으니까 바벨론을 시켜서 그들의 인생을 도둑질하게 하신 것입니다. "너희가 그렇게 헛되게 산다면, 좋다! 바벨론이 너희 인생을 도둑질해서 불타 없어질 성을 짓게 만들겠다"는 것입니다. "피로 읍을 건설하며 불의로 성을 건축하는 자에게 화 있을진저! 민족들이 불탈 것으로 수고하는 것과 열국이 헛된 일로 곤비하게 되는 것이 만군의 여호와께로서 말미암음이 아니냐?"(2:12-13)

이 모든 헛된 노력은 만군의 여호와 하나님께로서 나온 것입니다. 모든 민족이 수고하며 성을 쌓겠지만, 그 성은 한순간에 불타 없어질 것입니다. 모든 민족이 피곤하게 노동하겠지만, 결국은 헛된 일 때문에 몸만 피곤한 셈이 될 것입니다. 가치 있는 것을 위해 사는 사람은 하나도 없고 저마다 제 힘만 믿고 남의 것을 빼앗으며 욕심대로 사는 일에 인생을 낭비하니까, 바벨론을 등장시켜서 아예 더 쓸데없는 일에 모든 민족의 에너지와 정력을 낭비하게 하시는 것입니다. 그리고 그렇게 힘들여 쌓은 성을 불태워 버리심으로써 그들이 얼마나 허무한 일에 한평생을 허비했는지 깨우치시는 것입니다.

하나님께서 소중한 인생을 주셨는데, 영원히 되돌릴 수 없는 인생을 주셨는데, 고작 백마 탄 왕자가 와서 자기를 태워가는 요행이나 바라며 살면 되겠습니까? 복권이나 긁으면서 하늘에서 돈이 뚝 떨어지기를 기다리면 되겠습니까? 하박국 시대에는 자기에게 주어진 작은 것을 소중히 지키면서 사는 민족이 없었습니다. 자기에게 주어진 작은 가정, 작은 직업을 지키고 사는 사람이 없었습니다. 어떻게 하면 남의 것을 차지할까, 어떻게 하면 공짜로 편하게 살까 하는 허망한 생각만 하니까 "어디, 너희 인생과 젊음을 한번 도둑맞아 봐라" 하시면서 엄청난 사기꾼 바벨론을 일으키신 것입니다.

예수님이 우리에게 해 주신 일이 무엇입니까? 이처럼 사탄에게 도둑맞은 인생을 도로 찾아 주신 것입니다. 우리에게 주어진 시간은 이대로 낭비하기에는 너무나 아깝고 소중한 것입니다. 스무 살 때에는 시간이 너무 안 가는 것 같지만, 자칫 잘못하면 수십 년이 그냥 날아가 버립니다. 결혼 한 번 잘못하면 내내 갈등하고 부부싸움 하다가 20년이 휙 날아가 버립니다. 고시 공부 잘못하고 취직 한 번 잘못하면 10년이 그냥 날아가 버려요. 그 시간을 어디에서 도로 찾아오겠습니까? 사람들은 이 세상에 주인이 있다는 것을 모르고 겁없이 사업에 덤벼듭니다. 열심히 뛰기만 하면 전부 가질 수 있을 것처럼 덤벼드는데, 하나님이 권리를 인정해 주시지 않으면 아무것도 가질 수 없습니다. 바람 한 번 불면 전부 날아가 버립니다. 오래 붙들고 있다고 해서 전부 내 것이 되는 게 아닙니다. 하나님이 그 권리를 인정해 주셔야 합니다.

하나님께서 바벨론을 통해 모든 민족을 긁어모아서 불타 없어질 성을 짓게 하시고 그 성이 불타는 것을 보면서 인생을 마치게 하신 이유가 무엇입니까? 우리 한 사람 한 사람에게는 크고 작은 사명이 있습니다. 그 작은 사명을 잘 지키는 사람은 인생을 도둑맞지 않습니다. 이런 의미에서 개신교도들은 직업을 일종의 '부르심'으로 생각했습니다. 빵 만드는 사람은 다른 일을 생각지 않습니다. 아무리 금광에서 노다지가 쏟아져 나와도 자기는 오로지 맛있는 빵 만드는 일에만 집중합니다. 또 신발 만드는 사람은 어떻게 하면 신발을 잘 만들어서 다른 사람들을 편하게 다니게 해 줄까만 생각합니다. 허황되게 출세해서 성공하려고 하지 않습니다.

기드온의 아들 중에 아비멜렉이라는 사람이 있었습니다. 그는 기드온의 아들 70명을 전부 죽이고 정권을 잡았습니다. 그때 유일하게 도망친 아들 요담이 이런 비유를 들었습니다. 나무들에게 왕이 필요했습니다. 그래서 감람나무를 찾아가 왕이 되어 달라고 하자 "나에게는 여호와의 성전에 등불을 켜고 사람의 몸에 바를 기름을 제공하는 소중한 사명이 있다"고 하면서 거절했습니다. 또 무화과나무는 "나에게는 단 열매를 사람들에게 줄 사명이 있는데 어떻게 그것을 버리고 가겠느냐"면서 거절했고, 포도나무는 "사람들이 잔치를 벌이거나 쉴 때 포도주가 있어야 하는데, 내가 왜 그 일을 버리고 나무들 위에 요동하겠느냐"면서 거절했습니다. 그래서 마지막으로 가시나무를 찾아가 왕이 되어 달라고 하니까 좋아하면서 덥석 받아들였습니다. 그러나 요담은 결국 가시나무에서 불이 나와 그들을 태울 것이라고 경고했습니다.

사탄은 자꾸 우리를 충동질해서 현실을 인정하지 않고 스스로 과대평가하게 만듭니다. 그러나 그리스도인의 위대한 출발은 자기 모습을 있는 그대로 인정하는 것입니다. 그렇지 않으면 계속 헛바퀴만 돌리게 되어 있고, 인생을 도둑맞게 되어 있습니다. 나를 객관적으로 평가하는 것이야말로 위대한 첫걸음입니다. 그러나 사람들은 객관적인 자기의 모습을 너무나 인정하기 싫어합니다. 그것을 인정하곤 나면 영원히 그 자리에서 벗어나지 못할 것 같기 때문입니다. 그러나 그것은 마귀의 속임수입니다.

아무리 작아도 하나님이 주시는 일을 찾아서 그 일을 열심히 하는 사람이 하나님을 영광스럽게 하며 이웃을 섬길 수 있습니다. 오늘날 얼마나 많은 사람들이 허황된 욕심을 좇고 있습니까? 우리나라 재벌들이 적자를 많이 낸 것도 전부 남의 돈을 끌어다가 사업했기 때문입니다. 내 것이 아닌 것을 붙드는 사람은 아무것도 손에 쥘 수 없습니다.

결국 중요한 것은 분수를 아는 것입니다. 그리고 그 분수 이상을 넘보지 않는 것입니다. 그래야 인생을 도둑맞지 않고 사기당하지 않습니다. 나에 대한 하나님의 뜻이 있음을 믿으십시오. 물론 1, 2년 안에 그 뜻을 다 알 수는 없습니다. 그러나 '나는 이 수준밖에 안 되지만, 하나님은 나에 대해 선한 뜻을 가지고 계시다'라고 믿고 하루하루 내게 주어진 작은 일을 열심히 하면서 사십시오. 그렇게 5년이 지나고 10년이 지나면 상상하지도 못했던 하나님의 축복이 이루어지는 것을 보게 될 것입니다.

주님의 말씀대로 내일 일을 염려하지 마십시오. 내일 일은 하나님께 맡기고 오늘 내가 할 수 있는 일을 찾아 열심히 하십시오. 아무리 생각해도 할 일이 없으면 밥이라도 맛있게 먹고, 팔굽혀 펴기라도 열심히 하고, 청소라도 깨끗이 하십시오. 그것이 믿음으로 사는 길입니다. 침체되어 멍하니 앉아만 있으면 그 시간을 도둑맞게 됩니다.

하나님이 바벨론을 사용하시는 이유

이제 하나님은 바벨론이라는 나라를 사용하시는 근본적인 이유를 설명해 주십니다. "대저 물이 바다를 덮음같이 여호와의 영광을 인정하는 것이 세상에 가득하리라"(2:14).

하나님이 왜 바벨론을 사용하십니까? 바벨론을 통해 온 세상에 자신을 알리시기 위해서입니다. 조수간만의 차이가 심한 곳에 가보면 썰물 때는 바다가 잘 보이지 않습니다. 물이 다 빠져나가서 갯벌만 남아 있습니다. 그런데 밀물 때가 되면 어느새 물이 밀려와 눈앞이 전부 물로 가득 차 버립니다. 지금까지 여호와 하나님을 아는 지식은 예루살렘이라는 단단한 껍질 안에 갇혀 있었습니다. 오직 유다 백성들의 하나님, 이스라엘의 하나님으로만 인식되고 있었습니다. 그런데 유다가 망하고 예루살렘이 무너지면서, 놀랍게도 악한 바벨론을 통해 하나님을 아는 지식이 온 세상으로 퍼져 나가게 되었습니다.

다니엘서는 이처럼 예루살렘 안에 갇혀 있었던 여호와를 아는 지식이 어떻게 바벨론을 통해 온 땅으로 퍼져 나갔는지 보여 주고 있는 성경입니다. 느부갓네살은 바벨론 제국을 일군 왕이었습니다. 그런데 어느 날 도저히 이해할 수 없는 꿈을 꾸고 깊은 두려움에 빠졌습니다. 꿈에 신상이 나왔는데, 그 머리는 금이고 가슴은 은이고 배와 넓적다리는 놋이고 종아리는 철이고 발의 일부는 철, 일부는 진흙이었습니다. 그런데 어디선가 돌이 하나 날아

오더니 그 신상을 박살내 버렸습니다. 그는 이것을 계시로 생각하고 제국 안의 모든 점술사와 지식인들을 불러모아 물어보았지만 아무도 해석해 주는 사람이 없었습니다. 하나님이 거짓 술사들의 입을 봉해 놓으셨기 때문입니다. 그때 포로로 잡혀온 다니엘이 그 꿈을 해석했습니다. 그는 역사를 주관하시는 이는 하나님이시며 결국 그리스도의 돌이 이 큰 신상을 깨뜨려서 온 세상에 그리스도의 나라가 임하게 될 것을 예언했습니다.

느부갓네살 왕은 자신이 직접 만든 거대한 금신상을 통해서도 하나님의 능력을 알 기회를 얻었습니다. 그는 그 신상에 절하지 않는 사드락, 메삭, 아벳느고를 뜨거운 용광로에 집어던졌습니다. 그런데 용광로 안에 그 세 사람 외에 하나님의 아들처럼 보이는 또 한 사람이 있는 것과 그 세 사람의 머리털 하나 그슬리지 않은 것을 보고 하나님을 인정하는 조서를 내렸습니다.

그보다 더 결정적인 사건은 느부갓네살이 바벨론의 영광 앞에 교만해졌을 때 일어났습니다. 하나님이 그의 정상적인 정신을 거두어 가심으로써 무려 7년 동안이나 짐승처럼 풀을 뜯어먹고 살게 하신 것입니다. 그는 정신을 되찾은 후, 온 천하에 여호와를 찬양하는 조서를 내렸습니다.

유다가 망한다는 말씀을 처음 들었을 때 하박국은 이제 세상에서 여호와의 영광과 그를 아는 지식이 사라진다고 생각했습니다. 그러나 실상은 정반대였습니다. 예루살렘이 무너짐으로써 그 안에 갇혀 있었던 여호와의 불길이 바벨론으로 옮겨 붙었고, 들불처럼 온 세상으로 퍼져 나갔습니다. 그뿐 아니라 유다 백성들은 잡혀가는 곳마다 회당을 만들어서 성경을 연구했습니다. 그래서 많은 이방인들이 율법을 배울 수 있게 되었고, 물이 바다를 덮음같이 여호와를 아는 지식이 온 세상을 뒤덮게 되었습니다.

만약 유다가 망하지 않고 바벨론을 통해 하나님을 아는 지식이 널리 퍼지지 않았다면, 신약 교회가 성립되기까지 수백 년은 족히 더 걸렸을 것입니다. 사도행전을 보면 유대인의 회당마다 율법을 배운 이방인들이 있었던 것을 알게 됩니다. 성경은 그들을 '하나님을 두려워하는 자'라고 부릅니다. 그들은 바로 이 흩어진 유대인, 디아스포라를 통해 하나님을 알게 된 사람들이었습니다. 이처럼 예루살렘의 멸망은 신약 교회를 준비하는 데 굉장히 중요한 과정이었습니다. 예루살렘이 망하지 않았다면 복음이 퍼져 나가기가 아주 어려웠을 것입니다.

우리는 하나님의 지혜를 다 헤아릴 수 없습니다. 하나님이 어떤 방법으로 그 영광을 나타내실지도 예측할 수 없습니다. 하나님은 실패한 것 같은 과정을 통해서 오히려 우리의 단단한 껍질을 깨고 자신의 영광을 온 세상에 나타내십니다. 그렇기 때문에 어떤 경우에도 하나님을 신뢰하지 않을 수 없고, 그 놀라운 지혜를 경배하지 않을 수 없는 것입니다.

오늘 성경이 우리에게 말씀하는 바가 무엇입니까? 이 세상은 술 취한 바벨론과 같다는 것입니다. 사람들은 술 취했을 때 정상적인 판단력을 잃고 자기가 마치 대단한 사람인 양 착각함으로써 마귀에게 인생을 도둑맞습니다. 그러나 자신의 분수를 알며 하나님이 자신에게 선한 뜻을 가지고 계시다는 것을 인정하는 사람은 좀 더디게 나아갈지는 몰라도 절대 자신의 인생을 도둑맞지 않습니다. 그러면 10년, 20년, 30년을 절약할 수 있습니다.

아무리 작은 일이라도 나에게 맡겨진 일을 열심히 하십시오.

요즘은 교회 종이 없습니다만, 교회 종 치는 것이 자기 사명이라면 죽으나 사나 열심히 종을 쳐야 합니다. 남이야 잘살든 말든, 큰소리치면서 살든 말든 상관하지 말고 새벽마다, 예배 때마다 종을 치면서 그 종소리를 통해 하나님의 뜻이 이루어지기를 소망해야 합니다. 현명한 그리스도인은 하나님이 주신 사명을 굉장히 소중하게 생각합니다. '그 사람 인생은 그 사람 인생이고 나에게는 내 인생이 있다' 고 생각하면서 자신에게 주신 것을 꽉 붙잡고 절대 놓치지 않습니다.

초등학교 때 중학교 과정 공부하고 중학교 때 고등학교 과정 공부할 필요가 없습니다. 중1에게는 중1의 인생이 있고 고3에게는 고3의 인생이 있습니다. 그것을 아름답고 충실하게 사는 것이 결국 그 다음 단계도 아름답게 사는 길입니다. '나 혼자 이렇게 거북이 걸음을 걸어서야 언제 세상을 따라잡겠는가?' 라는 의문이 생길 수도 있습니다. 그에 대한 대답은 믿음입니다. '하나님은 나에게 선한 뜻을 가지고 계신다. 나에게 필요한 것이 있으면 채워 주시고, 바른 길이 나오면 가게 하시고, 잘못된 길로 가려 하면 바로잡아 주신다' 라고 믿고 살아야 합니다.

바벨론의 죄가 무엇입니까? 이 세상을 하나님의 눈으로 보지 못한 것입니다. 하나님은 각 사람에게 그들의 인생을 정해 주셨습니다. 그런데 그 인생을 열심히 살 생각은 하지 않고, 세상에 주인이 없다고 생각해서 온 세상을 도둑질하는 사람은 결국 불탈 성 하나 세워 놓고 자신도 망할 뿐 아니라 남까지 망하게 만들 것입니다.

영원히 불타지 않을 집을 지으십시오. 그것이 무엇입니까? 성령의 사람들이 모이는 공동체입니다. 나도 말씀을 부지런히 배우고, 남들에게도 말씀을 부지런히 가르치십시오. 그런 사람들이 모인 공동체는 영원히 불타지 않습니다.

하나님은 유다의 멸망을 통해 자신이 단순한 한 민족의 신이 아니라 온 세상의 주인임을 널리 알리셨습니다. 참으로 놀라운 일이 아닐 수 없습니다. 유다의 단단한 껍질이 깨지면서 오히려 하나님이 더 널리 알려졌고, 신약 교회가 준비되었습니다.

오늘날도 하나님은 물이 바다를 덮음같이 그 영광을 온 세상에 나타내기 원하십니다. 그러나 그 방법은 내가 생각하는 방법과 다를 수 있습니다. 하나님은 어떤 일을 통해서든지 그 영광을 나타내실 수 있습니다. 그러므로 하나님의 놀라운 지혜를 믿으십시오. 어디서 무엇을 하든지 하나님을 믿으십시오. 욕심대로 살지 말고 하나님을 인정하십시오. 그러면 우리의 부족한 삶을 통해 여호와의 영광을 온 땅에 나타내실 것입니다.

6

바벨론의 헛된 영광

하박국 2:15-20

2:15 “이웃에게 술을 마시우되 자기의 분노를 더하여 그로 취케 하고 그 하체를 드러내려 하는 자에게 화 있을진저!

16 네게 영광이 아니요 수치가 가득한즉 너도 마시고 너의 할례 아니한 것을 드러내라. 여호와의 오른손의 잔이 네게로 돌아올 것이라. 더러운 욕이 네 영광을 가리우리라.

17 대저 네가 레바논에 강포를 행한 것과 짐승을 두렵게 하여 잔해한 것 곧 사람의 피를 흘리며 땅과 성읍과 그 모든 거민에게 강포를 행한 것이 네게로 돌아오리라.

18 새긴 우상은 그 새겨 만든 자에게 무엇이 유익하겠느냐? 부어 만든 우상은 거짓 스승이라. 만든 자가 이 말하지 못하는 우상을 의지하니 무엇이 유익하겠느냐?

19 나무더러 깨라 하며 말하지 못하는 돌더러 일어나라 하는 자에게 화 있을진저! 그것이 교훈을 베풀겠느냐? 보라, 이는 금과 은으로 입힌 것인즉 그 속에는 생기가 도무지 없느니라.

20 오직 여호와는 그 성전에 계시니 온 천하는 그 앞에서 잠잠할지니라.”

2:15-20

사람들은 서로의 잘잘못을 가리기 위해 법정에 갑니다. 그리고 판사가 판결을 내리기 전까지 이 사람은 이 말을 하고 저 사람은 저 말을 하면서 굉장히 많은 말들을 쏟아 놓습니다. 그러나 최종적인 판결이 내려지면, 원고나 피고나 변호인 모두 입을 다물고 그 앞에서 잠잠할 수밖에 없습니다.

오늘 성경은 "오직 여호와는 그 성전에 계시니 온 천하는 그 앞에서 잠잠할지니라"고 말씀하고 있습니다. 하나님이 우리를 초청하시는 곳은 하나님의 법정이요 지성소입니다. 하나님이 말씀하시기 전까지 세상은 굉장히 소란스럽습니다. 저마다 자기 생각과 자기 의를 내세웁니다. 그러나 하나님의 말씀이 일단 선포되면, 온 세상은 그 앞에서 잠잠할 수밖에 없습니다. 하나님의 말씀은 깊이 숨어 있는 죄까지 들추어내며 모든 일은 결국 그 말씀대로 될 수밖에 없기 때문입니다.

우리도 말씀을 듣기 전까지는 생각이 굉장히 복잡합니다. 이 사람 저 사람이 해 준 말들이 오히려 혼란을 주고 마음을 무겁게 만듭니다. 그러나 모든 일은 사람들의 말이나 생각이나 소문대로 되지 않습니다. 오직 하나님의 말씀대로 됩니다. 그렇기 때문에 온 천하는 하나님 앞에 잠잠해지고, 우리는 그 앞에서 평안을 얻는 것입니다.

사실 바벨론만큼 많은 말을 만들어 낸 나라도 없을 것입니다. 그들은 정신이 사나울 정도로 이 소리 저 소리를 해서 사람들을 혼란스럽게 만들었습니다. 하나님은 이러한 바벨론을 사기꾼, 야바위꾼으로 묘사하고 계십니다. 그들이 그토록 많은 말을 한 목적은 사람의 정신을 어지럽게 만들어서 그들이 가진 것을 전부 빼앗으려는 데 있었습니다.

바벨론은 다른 나라들에 대해 두 가지 정책을 썼습니다. 상대방에 대해 잘 모를 경우에는 고개를 숙이고 아주 잘해 줌으로써 호감을 산 후에 중요한 정보를 얻어 냈습니다. 그러나 일단 정보만 얻고 나면 군대를 끌고 가서 그들이 가진 좋은 것들을 전부 빼앗아 왔습니다. 이것은 사기꾼들이 하는 짓입니다. 사기꾼들은 상대방에 대해 완전히 파악하기 전까지는 그렇게 친절을 베풀고 잘해 줄 수가 없습니다. 그러나 일단 원하는 것만 얻고 나면 탐욕스러운 정체를 드러내며 전혀 말이 통하지 않는 사람으로 돌변합니다.

바벨론은 그런 식으로 많은 재물을 모았습니다. 그러나 하나님은 그들 역시 똑같은 방식으로 당할 것이라고 말씀하십니다. 하나님은 결코 침묵을 지키지 않으실 것이며, 그런 악을 방치하지도 않으실 것입니다. 이 세상에서 가장 복된 사람은 하나님의 손에 붙잡혀서 하고 싶은 대로 못하고 사는 자들입니다. 바벨론처럼 자기 욕심대로 마음껏 사는 자들은 결국 자기의 수치를 드러내며 망할 것입니다.

바벨론의 속임수

옛날 사람들은 술을 마실 때 내기를 하는 경우가 많았던 것 같습니다. 이를테면 수수께끼를 내서 알아맞히면 상당한 선물을 주고 알아맞히지 못하면 그 이상의 벌금을 부과하는 식입니다. 가끔은 벌금 대신 옷을 벗기는 경우도 있었습니다. "이웃에게 술을 마시우되 자기의 분노를 더하여 그로 취케 하고 그 하체를 드러내려 하는 자에게 화 있을진저!"(2:15).

바벨론은 술자리에서 수수께끼를 내서 사람을 낭패에 빠뜨리는 술꾼과 같았습니다. 우리는 삼손의 결혼식에서도 이러한 풍습을 엿볼 수 있습니다. 삼손은 결혼식 잔치 중에 수수께끼를 내면서 블레셋 사람들이 그 수수께끼를 풀면 자신이 옷 30벌을 주고, 못 풀면 그들 쪽에서 옷 30벌을 내놓을 것을 제안했습니다. 무슨 뜻입니까? 거기 참석한 사람이 30명이니까 이 수수께끼를 풀지 못하면 전부 옷을 벗어 놓고 알몸으로 가라는 것입니다. 삼손은 이렇게 해서 블레셋 사람들을 골탕 먹이려 했습니다.

바벨론은 어떤 식으로 이런 짓을 했습니까? 히스기야가 거의 죽음의 문턱까지 갔다가 살아났을 때 그들은 사신을 보내 축하해 주었습니다. 히스기야는 기분이 좋은 나머지 예루살렘 궁 안에 있는 보물들을 전부 보여 주었습니다. 이사야는 이 일에 대해 히스기야를 크게 책망했습니다. 예루살렘을 정탐하러 온 바벨론 사람들의 술수에 휘말렸기 때문입니다. 결국 바벨론은 나중에 그

보물들을 전부 빼앗아 갔습니다.

이것이 바로 사기꾼들의 전략입니다. 화친하는 듯 사신들을 보내 상대방을 추켜세운 후에 그 나라의 고급 정보를 빼내어 결국에는 모든 좋은 것들을 빼앗아 가는 것입니다. 사기꾼들은 얼마나 냄새를 잘 맡는지 모릅니다. 누가 퇴직금을 타면 기가 막히게 알고 접근합니다. 그 사기꾼의 말만 들으면 투자하는 즉시 성공할 것만 같습니다. 그러나 일단 돈을 건네주고 나면 어떻게 됩니까? 완전히 딴사람으로 돌변해서 그렇게 거만하고 무례하게 굴 수가 없습니다. 자신의 본색을 드러내는 것입니다.

오늘 본문의 의도가 무엇입니까? 악의 세력은 항상 이런 식으로 사람들을 먹어 치운다는 사실을 알려 주려는 것입니다. 처음에는 아주 그럴듯한 말로 끈질기게 달라붙습니다. 그래서 계속 거절하면서 버티느니 한 번쯤 그 말을 들어주는 편이 나을 것 같기도 합니다. 그러나 일단 그 말을 들어준 사람은 그때부터 그들의 종으로 전락해 버립니다.

복권에 당첨되는 것이 좋은 일일까요, 나쁜 일일까요? 나쁜 일입니다. 복권에 당첨되고 나면 고민거리가 더 많아질 뿐 아니라 다음에도 계속해서 요행을 바라게 됩니다. 사탄이 쓰는 계략은 처음에는 잘될 것같이 보이게 하는 것입니다. 한 번만 양보하면 만사가 형통할 것같이 속이는 것입니다. 그러나 일단 그 속임수에 걸려든 사람은 절대 빠져 나올 수가 없습니다. 엄청난 희생을 치르기 전까지 벗어날 수가 없습니다.

하나님의 말씀은 바로 이러한 사탄의 술책을 구별할 수 있는 능력을 줍니다. 말씀을 가까이하는 사람은 그 술책을 알아챕니다. 마귀가 피우는 달콤한 냄새 속에서도 구린내를 감지합니다. 아무리 보아도 너무 친절하고, 너무 파격적인 이득을 약속하는 거예요. 어딘가 수상합니다. 사실 사람이 이런 속임수에 걸려드는 것은 자기 속에도 욕심이 있고 허황된 생각이 있기 때문입니다. 히스기야가 왜 바벨론 사신들에게 보물을 다 보여 주었겠습니까? 국제무대에서 인정받고 싶은 욕심이 있었기 때문입니다.

어떤 자매가 결혼을 위해서 구체적인 조건을 놓고 기도했는데, 그 조건에 꼭 들어맞는 사람이 나타났다면 일단 의심해 보아야 합니다. 키 180센티미터를 바랐는데 딱 180센티미터이고, 대학원 졸업한 사람을 바랐는데 딱 그런 사람이 나타났다면 무언가 잘못된 것입니다. 하나님은 보배를 주실 때 흙을 묻혀서 주십니다. 겉만 보아서는 그 가치를 알아볼 수가 없습니다. 그런데 기도할 때 키 얼마, 학벌 어디 이상, 월급 얼마 이상, 이렇게 기도하니까 속아 넘어가는 것입니다. 내 눈의 꺼풀을 벗겨서 사람 속에 있는 진실을 보게 해 달라고, 촌스럽게 생겼어도 속이 찬 사람을 알아볼 수 있게 해 달라고 기도해야 실패하지 않습니다.

유다가 왜 바벨론에 속아 넘어갔습니까? 말씀을 붙들지 않았기 때문입니다. 사기꾼에게도 계명이 있습니다. 첫째가 욕심 없는 사람에게는 사기 칠 생각을 하지 말라는 것입니다. 그런 사람은 절대 걸려들지 않습니다. 자기 분수에 만족하는 사람은 어떤 감언이설에도 속지 않습니다.

바벨론에 대한 하나님의 판단

바벨론은 정직하지 못한 방법으로 세계를 정복했습니다. 이러한 성공을 하나님은 어떻게 판단하십니까? "네게 영광이 아니요 수치가 가득한즉 너도 마시고 너의 할례 아니한 것을 드러내라. 여호와의 오른손의 잔이 네게로 돌아올 것이라. 더러운 욕이 네 영광을 가리우리라"(2:16).

"네게 영광이 아니요 수치가 가득한즉"이라는 것은 그들에게 돌아갈 수치가 영광보다 크다는 뜻입니다. 지금까지는 바벨론이 속임수로 나라들을 정복했지만 이제는 그들 차례가 올 것입니다. 술잔이 돌아오는 것이 그 신호입니다. 그동안 바벨론이 술잔을 내미는 나라는 멸망의 대상이 되었습니다. 마치 로마 황제가 엄지손가락을 들면 죄수가 살고 내리면 죽었던 것과 같습니다. 그런데 이번에는 하나님의 술잔이 바벨론을 향하고 있습니다.

그렇다면 하나님이 어떻게 그들을 벌거벗기실까요? 하나님은 "할례 아니한 것"을 드러내겠다고 하십니다. 여기에서 "할례 아니한 것"은 성기를 가리킵니다. 사람들은 다 옷을 입고 살기 때문에 누가 할례를 받았는지 알 수가 없습니다. 그런데 백주대낮에 사람들이 다 보는 앞에서 그들의 옷을 벗겨서 할례 받지 않은 사실을 드러내시겠다는 것입니다. 이것은 바벨론의 모든 숨은 욕심과 수치를 온 세상에 폭로하시겠다는 뜻입니다. 그러면 바벨론은 자동적으로 망하게 되어 있습니다.

그리 좋은 예는 아닙니다만, 예전에 미국의 클린턴 대통령이 아칸소 주지사로 있을 때 어떤 여성과 잘못된 관계를 맺은 일이 폭로되었습니다. 그런데 대통령이 그 사실을 전면 부인하니까, 그 여성 측에서 클린턴의 성기를 그려 증명해 보이겠다고 했습니다. 이 얼마나 큰 망신입니까?

하나님의 거룩한 말씀에 등장하는 이런 묘사는 우리를 심히 당황하게 만듭니다. 에스겔서에는 이보다 더 노골적인 묘사가 나오기도 합니다. 하나님이 이렇게 하시는 이유가 무엇입니까? 인간들의 위선을 폭로하시기 위해서입니다. 사람들은 온갖 추잡하고 더러운 짓을 다 하면서도 남들 앞에서는 그런 말은 입에도 담을 수 없다는 듯 점잔을 뺍니다. 이를테면 밥도 먹지 않고 화장실에도 가지 않고 성기도 없는 사람들처럼 거룩한 자 행세를 하는 것입니다. 그런 사람들을 당황하게 만드는 것이 바로 이런 묘사입니다. 하나님은 "너희가 그렇게 거룩하다고? 그렇다면 정말 너희 말대로 성기가 없는지 있는지 한번 보자" 하는 식의 노골적인 표현을 통해 그들의 위선을 드러내십니다. 속에는 말할 수 없이 더러운 죄를 숨기고 있으면서 사람들 앞에서는 하나님보다 더 거룩한 척할 때, 하나님은 이처럼 진정한 수치가 무엇인지 보여 주십니다.

이것은 비단 바벨론에게만 해당하는 말씀이 아닙니다. 하나님의 백성에게는 비밀이라는 것이 없습니다. 언젠가는 다 알려지게 되어 있고 들통 나게 되어 있습니다. 죄를 지었는데도 폭로되지 않는 기간은 회개를 위해 주시는 기회입니다. 그때 눈물 콧물 흘리면서 손바닥이 발바닥이 되도록 빌면 그냥 넘어가 주십니다. 그런데 완전범죄를 했다고 생각하고 안심하고 있으면 어느 순간 사람들 앞에 전부 폭로해 버리십니다. 그러면 그동안 쌓아 왔던 명성이나 존경이 전부 날아가 버립니다.

하나님 앞에서 "할례 아니한 것"이 무엇입니까? 통제되지 않은 욕망입니다. 하나님은 단지 성기의 표피가 아니라 마음의 욕망을 베어 버리라는 뜻에서 할례를 명하셨습니다. 물론 우리 안에 있는 욕망은 베어도 베어도 다시 살아나지만, 그래도 하나님 앞에서 결정적으로 한 번 꺾이는 경험이 있어야 합니다. 성령이 강하게 역사하실 때, 하나님의 은혜가 물 붓듯이 부어질 때, 내 안에 있는 죄성을 심각하게 발견하고 하나님 앞에 부르짖으면서 기도할 때, 우리는 영적인 할례를 받게 되고 우리의 욕망은 십자가에 못 박힙니다. 물론 그렇다고 욕망이 완전히 죽는 것은 아닙니다. 십자가에 못 박힌 채 눈을 무섭게 부릅뜨기도 하고, 입에 거품을 물고 소리를 지르기도 합니다. 그러나 그렇게 한 번 크게 꺾인 뒤에는 일정한 선을 넘어오지 못합니다. 그렇기 때문에 내 속의 욕망과 부패한 본성을 붙들고 하나님 앞에서 피땀을 흘리며 한 번 크게 기도하는 일이 중요합니다. 그러면 예전처럼 욕망이 전면적으로 나를 지배하지는 못합니다.

바벨론이 사람들에게 심어 준 생각이 무엇입니까? 옳고 그름보다는 힘이 중요하다는 것입니다. 어떤 방법으로든 성공하면 된다는 것입니다. 오늘날 우리도 "꿩 잡는 것이 매"라고, 옳은 방법이냐 그른 방법이냐보다는 현실적으로 통하는 방법이냐 아니냐를 더 생각할 때가 많습니다. 이런 바벨론적인 논리를 따를 때, 얼마 동안은 정말 일이 잘 풀리는 것 같습니다. 그러나 어느 순간 하나님의 술잔이 코앞에 와 있는 것을 발견하게 됩니다. 그러면 순식간에 쫄딱 망할 뿐 아니라, 그동안 얼마나 치사하게 살아왔는지, 얼마나 부끄러운 방법으로 재산을 불려 왔는지 온 천하에 공개되는 것입니다.

그래서 그리스도인에게는 자기 하고 싶은 대로 한껏 하지 못하게 막는 가시가 하나씩 있습니다. 얼마 전에 한 자매가 메일을 보내왔는데, 그 자매는 간염 때문에 공부도 할 수 없었고 직장생활도 할 수 없었습니다. 무슨 일만 하려 들면 재발되고 또 재발되는 바람에 시골에 내려가 요양하는 중에 메일을 보낸 것입니다. 그러니 그 마음이 얼마나 답답하겠습니까? 그러나 저는 답장을 보내면서 그것이 자매의 복이라고 썼습니다.

우리는 이해할 수 없지만, 하나님은 사랑하는 자녀의 옆구리에 큰 못을 하나씩 박아 놓으십니다. 어떤 사람은 학벌 때문에 되는 일이 없고, 어떤 사람은 돈 때문에 되는 일이 없습니다. 전부 옆구리에 하나씩 못이 박혀 있어서 꼼짝달싹할 수가 없습니다. 결국 그들은 그 못 때문에 기도하고 그 못 때문에 하나님을 떠나지 못합니다. 반면에, 아무 제한 없이 자기 마음대로 사는 사람은 하나님이 버리시기로 작정한 것입니다. 실컷 욕심대로 살다 보면 어느새 코앞에 와 있는 하나님의 잔을 발견하게 될 것입니다.

17절에는 바벨론이 레바논에서 행한 악이 나와 있습니다. "대저 네가 레바논에 강포를 행한 것과 짐승을 두렵게 하여 잔해한 것 곧 사람의 피를 흘리며 땅과 성읍과 그 모든 거민에게 강포를 행한 것이 네게로 돌아오리라."

제 생각에는 바벨론이 예루살렘을 멸망시키기 전에 본때를 보여 주기 위해 레바논에서 엄청난 살육을 감행했던 것 같습니다. 예전에 우리나라 군사정권이 광주에서 엄청난 학살극을 벌인 것처럼, 바벨론도 레바논에서 잔인한 학살극을 벌였습니다. 어느 정도로 잔인하게 악을 행했습니까? 레바논에 있는 좋은 숲을 싹 태워 버리고 그 안에 있던 짐승들과 사람들까지 전부 죽여 버렸습니다. 아마 숲으로 도망친 레바논 사람들을 일일이 잡아내기 귀찮으니까 숲 전체를 포위하고 불을 질러 버린 것 같습니다. 이렇게 추측만 할 수밖에 없는 것은 이 이야기가 하박국서 이 본문에만 딱 한 번 나오기 때문입니다. 다른 성경이나 역사적 자료에서는 이 이야기를 찾아볼 수가 없습니다. 그러나 말씀의 진실성에 비추어 볼 때, 이 일이 정말 일어났던 것은 분명합니다.

바벨론이 왜 살육의 대상으로 예루살렘을 택하지 않고 레바논을 택했을까요? 하나님께서 간섭하셨기 때문입니다. 이를테면 바벨론이 멸망의 대상을 선택하려고 점을 칠 때 예루살렘을 비켜가게 하신 것입니다. 이것이 우리가 감사할 점입니다. 하나님은 우리에게 세상적인 복을 다 주시지는 않습니다. 그러나 이렇게 무서운 위험이 닥칠 때, 우리도 모르는 사이에 비켜가게 해 주십니다. "이들은 내 백성이다. 때리든지 말든지 내가 알아서 하는 것이지, 너희 마음대로 손댈 일이 아니다"라는 것입니다.

바벨론의 우상숭배

바벨론을 그렇게 무식할 정도로 담대하게 만든 것이 무엇이었습니까? 그들이 믿는 우상이었습니다. 성경은 바벨론의 우상숭배를 심하게 비난하고 있습니다. "새긴 우상은 그 새겨 만든 자에게 무엇이 유익하겠느냐? 부어 만든 우상은 거짓 스승이라. 만든 자가 이 말하지 못하는 우상을 의지하니 무엇이 유익하겠느냐? 나무더러 깨라 하며 말하지 못하는 돌더러 일어나라 하는 자에게 화 있을진저! 그것이 교훈을 베풀겠느냐? 보라, 이는 금과 은으로 입힌 것인즉 그 속에는 생기가 도무지 없느니라"(2:18-19).

바벨론 사람들은 우상을 좋아했고 점 치기를 좋아했습니다. 오늘 본문은 그들이 그토록 좋아했던 우상이 결국 그들을 이성 없는 짐승처럼 만들었다고 말씀합니다. 우상을 숭배하는 사람의 특징이 무엇입니까? 모든 책임을 우상에게 떠넘기는 것입니다. 그들은 전부 우상이 시켜서 한 일이기 때문에 자신들에게는 책임이 없다고 생각합니다.

사람은 모든 것을 스스로 생각하고 스스로 결정하고 스스로 책임지게 되어 있습니다. 어떤 어려움이 닥쳐도 스스로 판단함으로써 능히 이길 수 있습니다. 구체적인 미래는 몰라도 논리적으로 생각해서 결정하고 믿음으로 나아가면 어떤 어려움도 극복할 수 있도록 하나님이 만들어 놓으셨습니다. 그런데 우상숭배자는 생각을 하지 않습니다. 모든 것을 우상이 시키는 대로 한다고 말합니다. 그렇기 때문에 무슨 짓을 해도 수치심을 느끼지 않습니다. 그러다가 결국에는 마귀가 원하는 대로 한순간에 멸망하는 것입니다.

사람이 왜 술을 마십니까? 자기가 책임지기 싫으니까 술을 마시는 것입니다. 왜 점을 칩니까? 스스로 고민하기 싫으니까 점을 치는 것입니다. 족집게 과외에서 찍어 준 문제가 시험에 그대로 나오는 것은 축복이 아니라 불행입니다. 이후로도 그런 요행을 믿고 스스로 공부할 생각을 하지 않기 때문입니다. 복권을 샀는데 큰 돈이 당첨되는 것도 축복이 아니라 불행입니다. 이후로도 요행을 믿고 땀 흘려 돈 벌 생각을 하지 않기 때문입니다.

하나님의 백성들은 이처럼 요행을 바라서는 안 되며, 아무리 기막힌 일을 당해도 정신을 잃으면 안 됩니다. 예수님은 십자가에 못 박히셨을 때 사람들이 주는 쓸개를 마시지 않으셨습니다. 쓸개에는 감각을 약간 마비시키는 기능이 있습니다. 그런데 주님은 그것을 거부하고 끝까지 맨 정신으로 십자가의 고통을 견뎌내셨습니다. 엄청난 어려움이 왔다고 해서 맥을 놓고 기절해 버리면 안 됩니다. 그럴수록 더 정신을 차리고 생각해야 합니다. 무엇이 하나님의 뜻인지, 어떻게 하는 것이 믿음으로 나아가는 길인지 생각해야 합니다.

하나님은 우리가 정상적인 분별력을 사용하기 원하십니다. 그리고 자기가 한 일에 대해 책임을 지는 인격체가 되기 원하십니다. 바벨론은 요행으로 성공했습니다. 그리고 요행으로 망했습니다. 그리스도인은 요행보다 더 정신에 해로운 것이 없다는 사실을 아는 사람들입니다.

하나님 앞에서 바른 자세

오늘 성경이 우리에게 말씀하는 것이 무엇입니까? 눈에 보이는 바를 믿지 말고 말씀을 믿으라는 것입니다. 바벨론 같은 나라는 하고 싶은 대로 마음껏 하면서 잘삽니다. 그런데 우리는 옆구리에 큰 못이 박혀 있어서 아무것도 마음대로 할 수가 없습니다. 그러나 성경은 그것이 오히려 복이라고 말합니다. 그 못이 빠지면 금방 세상으로 달아나 버리기 때문입니다.

사람들은 하나님 앞에 서기 전까지 목소리를 높이며 수많은 말들을 쏟아 놓습니다. 그러나 일단 하나님의 말씀이 선포되면 그 앞에서 전부 잠잠해질 수밖에 없습니다. "오직 여호와는 그 성전에 계시니 온 천하는 그 앞에 잠잠할지니라"(2:20).

마귀는 수없이 많은 말들을 지어내며 사람들도 수없이 많은 공상을 하지만 그것은 전부 엉터리입니다. 옳은 것은 오직 하나님의 말씀뿐이며, 모든 일은 그 말씀대로 이루어지게 되어 있습니다.

오늘 우리가 나아온 곳이 어디입니까? 하나님의 성전입니다. 성전 중에서도 지성소입니다. 지성소에서는 아무도 떠들 수 없습니다. 아무도 잡음을 낼 수 없습니다. 이곳에서는 하나님이 친히 판단하시고 명령하시기 때문입니다.

하박국이 말하는 것이 무엇입니까? 하나님은 눈에 보이지 않지만 분명히 존재하신다는 것입니다. 조용히 계시니까 사람들이 인식하지 못할 뿐입니다. 침묵하신다고 해서 존재하시지 않는 것이 아닙니다. 프랜시스 쉐퍼의 책 중에《거기 계시는 하나님 *The God Who Is There*》이라고 번역된 것이 있습니다. 그러나 좀더 정확한 번역은 '존재하시는 하나님'입니다. 하나님은 분명히 존재하십니다.

하나님이 침묵을 지키고 계시는 동안 사람들은 아주 많은 말을 하면서 저마다 자신들의 말이 옳다고 주장합니다. 그러나 성전에서 하나님의 말씀이 선포되면 "하나님이 살아 계셨구나! 이제 우리는 죽었구나!" 하면서 놀랄 것입니다. 하나님은 인간들이 도대체 어디까지 가는지 조용히 지켜 보십니다. 그러다가 한번 말씀을 발하시면 온 세상이 뒤집혀 버립니다. 그 큰 나라가 무너지고 기업이 무너지고 권력자들이 줄줄이 감옥으로 들어갑니다. 반면에, 고통에 시달리던 성도들은 결박을 끊고 나와 기뻐 뛰며 영광을 돌립니다.

세상 사람들은 그렇다 치고 성도들은 왜 하나님 앞에서 잠잠할 수밖에 없을까요? 아무것도 모를 때에는 하나님 앞에 내 주장을 관철시키기 위해 목소리를 높여 요청도 하고 원망도 합니다. 그러나 내 생각을 뛰어넘는 하나님의 뜻이 있다는 사실을 발견하고 나면 감히 하나님 앞에 이렇게 해 달라 저렇게 해 달라 목소리를 높일 수가 없습니다. 그저 나를 버리지 않으시고 계속해서 은혜 내려 주시기만을 간구할 뿐입니다.

욥도 하나님의 음성을 듣기 전에는 친구들과 많은 논쟁을 벌이면서 서로 상처를 주고받았습니다. 그런데 하나님이 친히 자신을 드러내시며 그 위대하심을 보여 주셨을 때, 자신의 고통과는 비교할 수 없이 큰 축복과 자비를 나타내셨을 때 나온 고백이 무엇입니까? “내가 스스로 깨달을 수 없는 일을 말하였고 스스로 알 수 없고 헤아리기 어려운 일을 말하였나이다”(욥 42:3)라는 것입니다. 그러니 이제는 잠잠하겠다는 것입니다.

예루살렘이 망하는 것을 본 사람들은 하나님도 죽으셨다고 생각했을 것입니다. 그들은 하나님을 예루살렘이라는 좁은 장소에 국한시켜 생각했습니다. 그러나 결국에는 바벨론이 망하고 예루살렘이 회복되는 것을 보면서 더 크신 하나님을 발견할 것이며, 그 하나님 앞에 잠잠해질 것입니다.

우리도 어려움을 당하면 말이 많아지고 원망과 불평이 많아집니다. 마치 하나님도 이 상황을 어쩌실 수 없는 것처럼 나의 문제에 하나님을 가두어 생각합니다. 그러나 바닥까지 내려간 후에 하나님이 단번의 역사로 모든 상황을 뒤집으시는 것을 경험하고 나면 하나님 앞에서 아무 할 말이 없어져 버립니다. 오직 그 능력과 자비를 찬양할 뿐입니다.

하박국도 하나님을 예루살렘 성전 안에 가두어 생각했습니다. 예루살렘이 망하면 더 이상 계실 곳이 없는 것처럼 생각했습니다. 그러나 하나님은 예루살렘보다 크시고 바벨론보다 크시며 우주보다 크신 분이었습니다.

오늘 하나님은 어디에 계십니까? 바로 우리 안에 계십니다. 성경은 우리를 성전이라고 부릅니다. 말씀을 붙들고 기도하는 자들이 모인 그곳이 바로 성전입니다. 이 성전에서 하나님은 온 세상을 향해 말씀을 발하십니다. 우리는 하나님의 최측근 인사들입니다. 모든 일은 우리가 전하는 말씀대로 이루어질 것입니다. 그러므로 세상은 교회를 통해 흘러 나오는 이 말씀에 귀를 기울여야 합니다. 그렇지 않으면 바벨론처럼 망할 수밖에 없습니다.

눈에 보이는 세계와 보이지 않는 세계가 다르다는 것을 잊지 마십시오. 바벨론은 인간적인 방법으로 엄청나게 세력을 확장했지만, 하나님은 추악하고 더럽고 거짓된 그 속을 보시고 멸망의 잔을 내리셨습니다.

반면에, 우리는 비록 옆구리에 큰 못은 박혀 있어도 말씀을 붙들고 있는 사람들입니다. 이 세상, 이 우주보다 더 견고한 말씀을 붙들고 있는 사람들이기 때문에 결코 망할 수가 없습니다. 우리는 하나님의 성전입니다. 하나님의 대리자요 선포자입니다. 이 사실을 잊지 말고 담대하시기 바랍니다. "여호와는 그 성전에 계시니 온 천하는 그 앞에서 잠잠할지어다!"

7

부흥을 위한 기도

하박국 3:1-6

[3:1] 시기오놋에 맞춘 바 선지자 하박국의 기도라.
[2] 여호와여, 내가 주께 대한 소문을 듣고 놀랐나이다. 여호와여, 주는 주의 일을 이 수년 내에 부흥케 하옵소서. 이 수년 내에 나타내시옵소서. 진노 중에라도 긍휼을 잊지 마옵소서.
[3] 하나님이 데만에서부터 오시며 거룩한 자가 바란 산에서부터 오시도다(셀라). 그 영광이 하늘을 덮었고 그 찬송이 세계에 가득하도다.
[4] 그 광명이 햇빛 같고 광선이 그 손에서 나오니 그 권능이 그 속에 감취었도다.
[5] 온역이 그 앞에서 행하며 불덩이가 그 발밑에서 나오도다.
[6] 그가 서신즉 땅이 진동하며 그가 보신즉 열국이 전율하며 영원한 산이 무너지며 무궁한 작은 산이 엎드러지나니 그 행하심이 예로부터 그러하시도다.

3:1-6

운동선수의 생명은 그 육체적인 생명이 아니라 경기능력에 달려 있습니다. 만약 어떤 운동선수가 심한 부상을 당해서 오랫동안 경기에 출전하지 못했다면 선수로서 그의 생명은 끝난 것이나 다름없습니다. 그런데 만약 그가 이를 악물고 부상을 극복해서 다시 훌륭한 경기를 펼친다면, 관중들은 그 선수가 되살아났다고 말하면서 박수갈채를 아끼지 않을 것입니다.

하나님의 백성으로서 이스라엘의 생명은 단순히 나라의 형태를 유지하는 데 달려 있지 않았습니다. 그들이 얼마나 하나님의 영광을 나타내느냐, 얼마나 믿음으로 어려움을 이겨내느냐에 달려 있었습니다. 이스라엘은 군사력이나 자금이 많다고 해서 살아 있는 것이 아닙니다. 죄와 싸워 이겨야 살아 있는 것입니다.

그런 의미에서 하박국 시대의 유다는 이미 오래 전에 생명을 잃었다고 해야 합니다. 그들 안에서는 도무지 하나님의 영광을 찾아볼 수 없었습니다. 이방 나라들처럼 힘 있는 사람들이 모든 좋은 것을 차지했고, 외국 군대가 쳐들어와도 믿음으로 대처하는 것이 아니라 허겁지겁 돈을 끌어모아 뇌물로 위기를 모면하곤 했습니다. 하박국의 고민이 무엇입니까? 이렇게 심각하게 병든 유다 나라를 다시 살려 낼 수는 없느냐, 다시 한 번 믿음으로 이 위기를 극복하고 하나님의 영광으로 가득 찬 나라로 만들 수는 없느냐 하는 것이었습니다.

하나님은 이렇게 고민하는 하박국에게 오히려 흉악한 바벨론 군대가 쳐들어와 유다를 멸망시킬 것이라고 말씀하셨습니다. 중병에 걸린 유다를 살리기는커녕 멸망시키시겠다고 했을 때 하박국의 마음은 심히 답답하고 괴로웠습니다. 하나밖에 없는 하나님의 나라가 망해 버린다면 인간을 구원하시겠다는 하나님의 약속은 대체 어떻게 되는 것입니까?

그런데 오늘 본문에서 하박국은 이스라엘의 부흥을 바라보며 기쁨과 소망으로 기도하고 있습니다. 왜냐하면 유다와 예루살렘의 멸망이 곧 하나님 나라의 멸망은 아니라는 사실을 깨닫게 되었기 때문입니다. 유다와 예루살렘은 하나님이 말씀하신 대로 멸망하겠지만, 더 크고 강한 하나님의 나라가 새롭게 일어날 것입니다. 그는 하나님의 일을 부흥시켜 달라고 기도하면서 하나님을 찬양하고 있습니다. 가장 절망적인 상황에서 말씀의 빛을 붙들고 있습니다.

하박국의 노래

3장 1절을 보십시오. "시기오놋에 맞춘 바 선지자 하박국의 기도라."

"시기오놋"이 무엇인지는 명확치 않습니다. 추측하기에는 예배 때 사용했던 악기의 이름이든지, 예배용 찬양시의 리듬형식 중 하나인 것 같습니다. 악기에 노래를 맞춘다는 것은 결국 그 악기의 특별한 리듬에 맞추는 것이라는 점에서 볼 때, 시기오놋은 특별한 리듬을 가진 찬양이라고 볼 수 있을 것입니다. 어떤 학자는 "시기오놋"의 어원인 '사가' 에 '흔들리다' 라는 뜻이 있다는 데 주목하여, 상당히 빠르고 격정적인 리듬의 찬송이었을 것이라고 추측하기도 합니다.

예루살렘의 멸망을 앞두고 부르는 노래라면 당연히 장엄하고 비통한 '애가' 의 리듬이 훨씬 더 어울릴 것입니다. 그런데 하박국은 예루살렘의 멸망이라는 엄청난 시련에 담겨 있는 하나님의 귀한 뜻을 깨달았기 때문에 비통한 애가가 아니라 오히려 빠르고 활기찬 노래로 하나님을 찬송하고 있습니다.

하박국이 이렇게 기도하고 노래하는 이유가 무엇입니까? "여호와여, 내가 주께 대한 소문을 듣고 놀랐나이다"(3:2상).

하박국의 노래는 하나님의 말씀을 듣고 난 충격에서 시작되고 있습니다. "소문"을 직역하면 '들은 것' 이 됩니다. 즉, '하나님께 들은 것 때문에 놀랐다' 는 것입니다. 그렇다면 하박국이 하나님께 들은 말씀이 무엇입니까?

그가 처음 들은 것은 유다와 예루살렘의 완전한 멸망이라는 비극적인 소식이었습니다. 자기가 살고 있는 나라나 도시가 멸망하거나 불바다가 된다는 소식보다 더 충격적인 소식이 있겠습니까? 우리는 최근에 미국 뉴욕의 쌍둥이 빌딩이 무너지는 것을 보면서 큰 충격을 받았습니다. 그런데 예루살렘 성전과 성이 그렇게 무너진다는 것입니다. 그는 그 소식에 충격을 받았고, 그 감정을 하나님 앞에 있는 그대로 토로하고 있습니다. 더구나 예루살렘을 무너뜨릴 바벨론은 사람을 곤충이나 물고기 죽이듯 죽이는 무자비한 나라입니다. 유다 백성들이 하나님께 잘 순종한 것은 아니었지만 그래도 이렇게 비참하게 멸망할 정도로 형편없다고 생각하지는 않았는데, 하나님은 말 그대로 폭삭 무너질 것이라고 말씀하셨습니다. 이 말씀을 들은 하박국은 엄청난 충격을 받았습니다.

그런데 하나님의 말씀은 거기에서 그치지 않았습니다. 하나님은 유다의 멸망이 곧 하나님 나라의 끝은 아니라고 하셨습니다. 오히려 유다의 멸망을 통해 여호와의 영광을 인정하는 것이 온 세상에 가득해질 것이라고 말씀하셨습니다. 지금까지 하나님은 유다 백성의 하나님이었고, 그 영광은 예루살렘 안에 갇혀 있었습니다. 그리고 그 영광조차 유다 백성들이 다 갉아먹어 버렸습니다. 그런데 예루살렘과 유다를 무너뜨리심으로써 오히려 하나님의 영광을 온 세상에 드러내시겠다는 것입니다. 예루살렘과 유다는 반드시 망할 것입니다. 그러나 이 엄청난 시련과 충격과 고통은 오히려 하나님을 드러내는 영광의 기회가 될 것입니다. 이것이 하박국이 들은 말씀의 내용이었습니다.

우리는 세상적으로 성공해야만 하나님께 영광이 된다고 생각합니다. 그래서 예수 믿는 사람이 가난하게 살아서 하나님의 이름에 욕을 돌리게 되었다고 부끄러워하는 이들도 있습니다. 하나님의 백성들은 전부 부자가 되고, 전부 시험에 합격하고, 교회도 높이높이 세워야 하나님께 영광이 된다는 것이 우리의 생각입니다.

그러나 하박국이 들은 이야기는 정반대였습니다. 하나님의 백성들이 망해서 다른 나라의 노예가 되고 성전이 폭삭 내려앉아도 하나님의 영광은 나타난다는 것입니다. 앞서 말했듯이 운동선수의 생명은 그가 얼마나 많은 돈을 벌어서 풍성하게 사느냐에 달려 있지 않습니다. 그것은 경기에 따라오는 결과일 뿐입니다. 중요한 것은 그의 계약액수가 아니라 경기능력입니다. 사람들이 보고 싶어 하는 것은 그가 어려운 경기를 어떻게 풀어 나가느냐, 보통 사람은 해낼 수 없는 기술을 어떻게 펼쳐 나가느냐 하는 것입니다. 운동선수가 경기능력은 없는데 돈만 많이 벌었다면 빨리 직업을 바꾸는 것이 정직한 태도일 것입니다.

마찬가지로 하나님 백성의 생명은 그가 얼마나 많은 재산을 가지고 풍족하게 사느냐에 달려 있지 않습니다. 어려움 속에서도 어떻게 하나님의 영광을 나타내느냐, 모두 불가능하다고 주저앉아 있는 상황에서 어떻게 믿음으로 위기를 뚫고 나가느냐에 달려 있습니다. 사람들이 그리스도인에게서 보고 싶어 하는 것이 무엇이겠습니까? 우리의 동산이 얼마냐 하는 것이겠습니까? 부동산이 얼마냐 하는 것이겠습니까? 그들이 보고 싶어 하는 것은 우리가 불가능한 상황에서도 믿음과 소망을 가지고 극복해 나가는 모습입니다. 여기에 우리의 생명이 있습니다.

우리가 예배를 통해 하나님의 임재를 경험하고 변화될 때, 사람들은 하나님의 살아 계심과 능력을 깨닫습니다. 예배드리기 전에는 믿지 않는 사람들과 다를 바가 전혀 없습니다. 마치 우울증 환자처럼 불안과 걱정에 빠져 있습니다. 그런데 예배를 드리고 나면 사람이 변해 버립니다. 자신감이 넘치고 소망이 넘칩니다.

남들은 소망이 없다고 술이나 퍼마시면서 주저앉아 있는데 우리는 바늘구멍만한 소망을 찾아내서 믿음으로 그 소망을 이루어 낼 때, 세상은 박수갈채를 보낼 것입니다. 만약 우리의 예배에 이러한 감동이 없고 변화가 없다면, 어려움 속에서도 하나님이 함께하신다는 확신으로 나아가는 믿음이 없다면 그리스도인의 생명은 이미 끝난 것입니다. 교회만 왔다 갔다 한다고 해서 박수갈채를 보내 줄 사람은 아무도 없습니다. 세상은 우리에게 무언가 다른 모습을 기대합니다.

예루살렘은 이미 생명이 끝난 도시였습니다. 그러나 하나님은 죽은 도시를 다시 살려 내겠다고 말씀하십니다. 만약 예루살렘 성전이 무너지지 않았다면 유다 백성들은 계속해서 하나님의 영광과 능력을 성전 안에 가두어 놓고 이방 민족과 똑같이 살았을 것입니다. 그러나 하나님은 성을 무너뜨리고 성전을 파괴시키심으로써 "이런 것 없이도 나는 일할 수 있다. 너희가 포로 되어 간 그곳에서도 나는 일할 수 있다"는 것을 보여 주셨습니다.

우리에게 중요한 것은 아무 어려움 없이 편안하게 사는 것이 아니라 그 어려움을 통해 하나님의 살아 계심을 나타내는 것입니다. 사실 우리에게 닥치는 어려움은 하나님의 영광을 드러낼 기회입니다. 우리는 아무 어려움도 일어나지 않기를 바라고, 혹시 감당치 못할 것 같은 어려움이라도 생기면 마치 하나님이 계시지 않는 듯 두려워하며 당황하지만, 우리의 생명은 그렇게 아무 어려움 없이 편안하게 사는 데 있지 않습니다. 그리스도인이 이 세상에 살면서 아무 어려움도 일어나지 않기를 바라는 것보다 더 하나님을 부인하고 배척하는 태도는 없습니다.

그렇다면 어떻게 해결 불가능한 상황에서 믿음을 가질 수 있습니까? 하박국은 하나님께 들은 말씀을 통해 미래의 비전을 보았습니다. 예루살렘의 폐허 위에서 솟아나는 영광스러운 교회의 미래를 내다본 것입니다. 우리도 인간인데 어려운 일 앞에서 어떻게 걱정하지 않을 수 있겠습니까? 그러나 말씀이 들리면 그 어려움 속에서도 미래를 소망할 수 있습니다. 말씀 속에 미래가 있고 비전이 있습니다.

제가 확신하는 바는 하나님의 말씀이 천지보다 더 견고하다는 것입니다. 천지는 없어져도 하나님의 말씀은 일점일획도 없어지지 않을 것입니다. 세상에 아무리 전쟁이 터지고 재앙이 일어나도 말씀 안에는 미래가 있습니다. 그렇기 때문에 그리스도인들은 얼마든지 기뻐하며 노래할 수 있습니다. 사람들은 뭐가 좋다고 우리가 노래하는지 이해하지 못합니다. 그러나 우리는 하나님의 소문을 들었기 때문에, 이후에 찾아올 영광스러운 미래를 보았기 때문에 폐허 속에서도 기뻐 뛰며 노래할 수 있습니다.

그리스도인이 불신자처럼 살려 들면 이미 그 생명은 끝났다고 보아야 합니다. 재산이나 모으면서 편안하게 살기 바란다면 그리스도인의 생명은 이미 끝난 것입니다. 우리의 힘이 어디 있습니까? 우리의 소망이 어디 있습니까? 불가능한 가운데서도 길을 발견하는 데 있습니다. 바늘구멍만한 소망을 찾아내는 데 있습니다. 온 세상이 폐허가 되어도 그 폐허를 넘어서는 하나님의 건설 계획을 내다볼 때, 우리의 입에서는 찬양이 터져 나오게 되어 있습니다.

부흥을 위한 기도

2절 중반부에는 이런 말씀이 나옵니다. "여호와여, 주는 주의 일을 이 수년 내에 부흥케 하옵소서."

여기에서 중요한 것은 "부흥"이라는 단어입니다. "부흥"에는 '새로이 생명을 불어넣는다'는 뜻이 담겨 있습니다. 유다와 예루살렘은 하나님의 백성으로서 그 생명을 잃었습니다. 그러나 하박국은 이들에게 다시 생명을 불어넣으셔서 그 영광스러운 모습을 되찾게 해 달라고 기도하고 있습니다.

유다와 예루살렘의 멸망은 기정사실입니다. 하박국이 이렇게 기도한다고 해서 바뀌는 것이 아닙니다. 이처럼 미래의 고통이 기정사실화되었을 때 우리는 운명적인 사고에 지배당하기 쉽습니다. 그러나 하박국은 "이미 하나님은 예루살렘을 멸망시키기로 작정하셨다. 내가 무슨 짓을 해도 달라질 수 없어. 에라, 모르겠다. 어쨌든 하나님의 뜻대로 되겠지" 하면서 자포자기하지 않았습니다. 그는 한편으로는 큰 수술을 기다리고 있는 환자처럼 두려워했지만, 다른 한편으로는 이 멸망이 유다 백성들에게 반드시 유익이 될 것을 믿었습니다. 그래서 더 적극적으로 멸망 사실을 받아들이면서, 멸망 이후에 일어날 하나님의 역사를 위해 기도했습니다.

하박국이 주의 일을 수년 내에 부흥케 해 주시기를 기도한 이유가 무엇입니까? 주의 일이라면 그가 굳이 기도하지 않아도 알아서 이루어 주시지 않겠습니까? 그가 기도한다고 해서 달라질 일이 뭐가 있습니까? 그러나 하박국은 유다가 이렇게 멸망하게 된 원인이 기도하지 않은 데 있다는 것을 알았습니다. 성령의 역사를 위해 기도하는 사람들이 없었기 때문에 유다와 예루살렘이 이 지경까지 오게 되었다는 것을 알았습니다. 그래서 자신이 먼저 나서서 교회의 미래를 위해 기도했습니다.

성령의 역사가 멈추는 즉시 교회는 생명을 잃게 되어 있습니다. 교인들이 모여도 기쁨이 없고 오히려 모일 때마다 싸우는 교회를 들여다보면 기도가 사라지고 없다는 것을 알 수 있습니다.

교회의 생명은 성령의 풍성한 역사에 있는데, 그 역사는 바로 우리의 기도에서 나옵니다. 장사가 잘되거나 공부가 잘되는 것 같은 개인적인 소망들은 구하지 않아도 이루어 주실 때가 가끔 있습니다. 그러나 진짜 중요한 문제, 성령의 역사 같은 중요한 문제는 반드시 기도해야 응답해 주십니다. 그렇지 않으면 그 소중함을 모르기 때문입니다. 기도하지 않아도 교회가 부흥되고 성령의 역사가 일어난다면, 사람들은 쉽게 그 역사를 세상의 복과 바꾸어 버릴 것입니다.

어떤 분은 어렸을 때 교회의 부흥을 경험했다고 합니다. 교회 가득히 사람들이 모여서 눈물로 기도하며 주정뱅이들이 술을 끊고 무당들이 회개하는 모습을 보았습니다. 그런데 그 후 너무나도 오랫동안 메마르고 침체된 시기가 계속되었고, 그분은 평생토록 눈물로 부흥을 위해 기도해 왔습니다. 그런데 백발이 다 된 어느 날, 갑자기 강력한 메시지가 선포되면서 젊은이들이 교회로 몰려들어 뜨겁게 찬양하는 모습을 보게 되었습니다. "내가 이 순간을 위해 얼마나 오랫동안 기도해 왔던가! 한평생 얼마나 간절히 기도해 왔던가! 주여, 이 종이 죽기 전에 이런 영광을 보게 하시니 감사합니다!"라는 기도가 절로 흘러 나왔습니다.

하나님의 교회는 영원히 죽지 않습니다. 하나님이 죽지 않으시기 때문입니다. 그러나 때로 성령의 역사를 거두셔서 그 생명력을 잃게 하실 때가 있습니다. 왜 그렇습니까? 구원이 인간의 숫자나 힘에 있지 않고 하나님의 능력에 있음을 깨우치시기 위해서입니다. 사람이 아무리 머리를 짜내서 좋은 프로그램을 만들어 낸다 해도 성령이 역사하시지 않으면 단 한 명의 영혼도 살려 낼 수 없습니다. 하나님은 이것을 깨닫고 무릎 꿇어 기도하게 하시려고 잠시 은혜를 중단하시는 것입니다. 그러나 그 백성들이 하나님 앞에 자신의 비참함을 깨닫고 기도하며 말씀을 붙들기만 하면 소낙비 같은 성령의 역사를 회복시켜 주십니다. 실제로 교회사에는 이런 일이 여러 번 있었습니다.

나 한 사람 잘사는 것보다 이러한 성령의 역사, 부흥의 역사가 일어나는 것이 훨씬 더 중요합니다. 성령의 역사가 없으면 세상적으로 아무리 잘살아도 절대 행복하지 않습니다. 부부가 50평 아파트에 살면서도 그 비싼 소파에 앉아서 날마다 싸웁니다. 그리고 밤에도 불안해서 가스총을 머리맡에 두고 잡니다. 자식들 유학까지 보내서 남부럽지 않게 공부시켜도 무언가 행복하지가 않습니다. 고급 차가 나올 때마다 바꾸어 타도 행복하지가 않습니다. 우리가 구해야 할 것은 돈이 아닙니다. 우리가 구해야 할 것은 하나님의 은혜요 사랑입니다. 그것을 가져다주시는 분이 바로 성령이십니다. 그것을 얻기 위해 깨어서 기도해야 하는 것입니다.

하박국이 보고 있는 것이 무엇입니까? 예루살렘이 망해야 유다 백성들의 눈에 피눈물이 흐르고, 그래야 다시 기도한다는 것입니다. 그렇게 다시 한 번 전적으로 하나님께 매달리게 되면, 유다 나라는 망해도 전 세계에 복음의 역사가 일어난다는 것을 하박국은 깨달았습니다. 그래서 자신이 먼저 기도했습니다.

하나님은 "의인은 그 믿음으로 말미암아 살리라"고 하셨습니다. 여기에서 의인이란 죄가 전혀 없는 사람을 가리키지 않습니다. 자기 자신을 의지하지 않고 하나님만 의지하는 사람을 가리킵니다. 의인이 믿어야 할 것이 무엇입니까? 하나님의 선하심입니다. 아무리 일이 계속 꼬여도, 한 치 앞도 내다보지 못할 정도로 앞이 캄캄해도 '하나님은 나에 대해 선한 계획을 가지고 계신다' 라고 믿고 기도하면 역사는 이미 일어난 것이나 다름없습니다. 그런 사람은 누가 "너 뭐 먹고 살래?" 라고 물으면 "하나님의 선하심으로!" 라고 대답합니다.

예전에 저희 부부에게 친지들이 "너희는 그렇다 치고 애는 앞으로 어떻게 키울래?" 라고 물은 적이 있습니다. 그때 우리의 대답이 "하나님이 우리를 살게 하신 방식으로 이 아이도 살게 하신다"는 것이었습니다. 우리가 미래를 어떻게 알겠습니까? 그러나 의인은 그 믿음으로 삽니다. 하나님의 선하심을 믿고 말씀을 붙들면 미래가 보이지 않아도 기뻐할 수 있습니다. 사실 수많은 유다 백성들이 죽고 예루살렘 성전이 무너지는 것은 하박국 자신의 죽음보다 더 큰 충격이었습니다. 그러나 그는 하나님께서 이 사건을 통해 더 놀라운 일을 이루실 줄 믿었습니다.

하나님의 일은 부흥되어야 합니다. 그렇지 않으면 인간은 너무 비참해집니다. 그러면 어떻게 하나님의 일이 부흥될 수 있습니까? 기도해야 합니다! 우리의 연약함과 교만함을 하나님 앞에 고백하고 은혜를 간구할 때, 하나님의 위대하심 앞에 무릎 꿇고 매달릴 때, 우리가 가진 것을 자랑하거나 의지하지 않고 오로지 성령의 역사를 구할 때, 하나님이 성령을 부으셔서 하늘의 영광과 능력을 부어 주실 것입니다. 그러면 영혼들이 하나님께 돌아오는 역사, 성도들이 영적인 싸움에서 놀랍게 승리하는 역사가 일어납니다.

이 시대에 희망을 줄 수 있는 사람은 그리스도인들밖에 없습니다. 이 암울한 시대에 희망의 빛을 비출 곳은 교회밖에 없습니다. 그러므로 기도합시다. 하박국처럼 기도합시다. 이 땅을 불쌍히 여기셔서 다시 한 번 부흥의 역사를 일으켜 달라고 기도합시다.

하박국은 이 부흥의 역사가 수많은 유다 백성들의 희생 이후에 이루어진다는 것을 알고 있었습니다. 그래서 "진노 중에라도 긍휼을 잊지 마옵소서"(3:2하)라고 기도했습니다. 지금 유다는 예루살렘의 멸망과 바벨론 유수라는 큰 수술을 기다리고 있습니다. 하박국은 "하나님, 우리를 수술해 주십시오. 그러나 조금은 덜 아프게 해 주시고 조금은 덜 죽게 해 주십시오. 바벨론으로 끌려갈 때 조금은 덜 고통스럽게 해 주십시오"라고 기도합니다.

가족이나 민족을 위해 기도할 때 무조건 잘되기를 구하지 마십시오. 내가 선을 그어 놓고 그 안에 하나님을 가두려 하면 안 됩니다. 아무리 내 가족이고 내 민족이라도 수술이 필요하다면 수술을 받아야 합니다. 우리가 드려야 할 기도는 "이 범위 안에서만 움직여 주세요. 그 이상의 일이 일어나면 저는 절대 참지 못합니다"라는 것이 아니라, "내 가족 수술해 주시고 내 민족 수술해 주세요. 크게 수술해 주세요. 그러나 가능하면 좀 덜 고통스럽게 해 주세요"라는 것이 되어야 합니다. 우리는 하나님께 이래라저래라 요구할 권리가 없습니다. 내 가족이라고 해서 절대 병들어 죽거나 사고 당하지 말아야 하는 것은 아닙니다. 하나님은 무엇이라도 하실 수 있습니다. 다만 우리가 할 일은 그 가운데서도 긍휼을 잊지 말아 달라고 구하는 것입니다. 하나님은 그 기도를 반드시 기억하셔서 진노 중에라도 긍휼을 베풀어 주실 것입니다.

하나님의 영광스러운 임재

유다 백성들이 그동안 잃고 있었던 가장 중요한 것이 무엇입니까? 절대적이고 영광스러운 하나님의 임재입니다. 그들은 기계적이고 죽은 예배만 계속 드리고 있었기 때문에 하나님과의 만남이 얼마나 영광스럽고 복된지 알지 못했습니다. 하박국은 다시 한 번 그 임재를 경험하게 해 달라고 기도합니다. "하나님이 데만에서부터 오시며 거룩한 자가 바란 산에서부터 오시도다. 그 영광이 하늘을 덮었고 그 찬송이 세계에 가득하도다"(3:3).

이스라엘이 하나님의 충만한 임재를 경험한 곳은 놀랍게도 가나안 땅이 아니라 광야였습니다. 그들은 낮에도 행진했지만 주로 밤에 많이 행진했습니다. 낮에는 너무 더워서 움직이기가 힘들었기 때문입니다. 밤은 칠흑같이 어둡고 추웠습니다. '계속 이런 식으로 살다가 비참하게 죽는 것은 아닐까? 계속 이렇게 추위에 떨다가 어두움 속에서 얼어 죽는 것은 아닐까?' 하는 두려움이 백성들의 마음을 괴롭혔습니다. 그런데 그렇게 걷다 보면 동쪽에서 찬란한 태양이 떠오르곤 했습니다.

평지에서 떠오르는 태양의 장엄함은 말로 표현할 수가 없습니다. 우리나라는 산지가 많기 때문에 그런 장관을 보기가 힘듭니다. 칠흑같이 어두웠던 지평선에 희고 밝은 줄이 한 가닥 나타납니다. 그리고 태양이 떠오르는데, 그 빛이 얼마나 강렬한지 눈을 뜨고 볼 수가 없을 정도입니다. 시간이 지나면서 온 하늘이 그 태양의 영광으로 충만해집니다. 일본 사람들은 그 일출의 장관을 보기 위해 후지 산에 오른다고 합니다. 산 위에서 태평양으로부터 떠오르는 찬란한 태양을 바라보는 것입니다. 이스라엘 백성들이 찬란한 태양을 보았던 동쪽 땅은 에돔이었습니다. "데만"과 "바란"은 그 에돔 땅의 지명입니다.

그리스도인의 삶에도 어두움의 터널이 끝없이 계속되며 소망의 빛이 전혀 보이지 않을 때가 있습니다. 분명히 내 속에는 믿음이 있지만 변화의 조짐은 전혀 보이지 않습니다. 그러다가 어느 한 순간 태양이 떠오르기 시작합니다. 그 햇살은 지금까지의 모든 추위와 불안과 어두움을 몰아내고 하늘을 영광으로 가득 채울 만큼 강렬합니다. 이스라엘 백성들은 이런 일을 많이 경험했습니다. 그래서 "하나님이 데만에서부터 오시며 거룩한 자가 바란 산에서부터 오시도다"라고 말하는 것입니다.

4절은 그 일출의 장관을 묘사해 주고 있습니다. "그 광명이 햇빛 같고 광선이 그 손에서 나오니 그 권능이 그 속에 감취었도다."

지금 하박국은 태양의 찬란함을 노래하고 있는 것이 아닙니다. 자신이 경험한 하나님을 노래하고 있는 것입니다. 하나님이 이스라엘 백성들을 찾아오셔서 위로하실 때 이렇게 떠오르는 태양처럼 나타나서 위로하셨습니다.

하나님이 침묵을 지키고 계시면 온 세상이 어둡고 소망이 없습니다. 특히 하나님의 백성들은 얼마나 더 답답한지 모릅니다. 분명히 하나님은 선한 계획을 가지고 계시며 우리를 축복하겠다고 약속하셨는데, 아무리 기다려도 지척을 분간할 수 없는 어두움과 혹독한 추위만 계속됩니다. 그런데 어느 한 순간, 하나님의 은혜가 임하면서 그 어두움과 추위와 두려움이 물러가고 하나님의 영광과 환희가 우리의 삶을 가득 채우기 시작합니다.

하나님은 우리가 무시할 수 있을 정도로 희미하게 말씀하시지 않습니다. 하박국이 말하는 이 권세 있는 광선으로 우리 속을 샅샅이 비추십니다. 입을 다물지 못할 정도로 큰 권세와 영광으로 말씀하심으로써 우리 속에 있는 두려움과 어두움의 세력을 몰아내십니다. 그러면 어떻게 됩니까? 우리의 삶이 변화되기 시작하고, 하나님의 뜻과 길이 보이기 시작합니다.

이스라엘 백성들이 특히 깨닫지 못했던 것이 무엇입니까? 하나님께는 타협이 전혀 통하지 않는다는 사실입니다. 그는 온전히 거룩하신 분입니다. "온역이 그 앞에서 행하며 불덩이가 그 발밑에서 나오도다"(3:5).

죄인이 하나님께 접근하면 그 즉시 온역이 나오고 불덩이가 발사됩니다. 죄인은 하나님께 접근할 수가 없습니다. 어떻게 해서든지 재판장 앞에 다가가야 무슨 사정이든 해볼 텐데 질병이 발사되고 불덩이가 발사되기 때문에 아예 접근 자체가 불가능한 것입니다. 죄인이 하나님 앞에 노출된다는 것 자체가 죽음을 의미합니다.

그러나 유다 백성들은 하나님도 사람과 같은 분인 것처럼 오해했습니다. 제멋대로 행동한 다음에 "미안합니다"라고 적당히 변명하면 통할 줄 알았습니다. 지금까지 하나님이 그들의 죄에 일일이 대응하지 않으신 것은 스스로 깨닫고 돌아올 기회를 주기 위해서이지 그들과 타협해서가 아닙니다. 하나님이 제시하신 믿음의 방법이 아니고서는 어떤 죄인도 하나님 앞에 나아가 은혜를 얻을 수 없습니다.

6절을 보십시오. "그가 서신즉 땅이 진동하며 그가 보신즉 열국이 전율하며 영원한 산이 무너지며 무궁한 작은 산이 엎드러지나니 그 행하심이 예로부터 그러하시도다."

이것은 하나님이 시내 산에 임하셨을 때의 위엄을 묘사하는 구절입니다. 그가 임재하시면 열국이 부들부들 떨고 영원한 산들이 무너지며 작은 산들이 터집니다. 이것이 하나님이 임재하시는 모습입니다. 이스라엘 백성들은 너무 무서워서 감히 하나님을 대면하여 보지 못하고 모세에게 그 말씀을 대언해 달라고 부탁했습니다.

하나님께서 땅이 진동하며 산들이 터지는 가운데 말씀하시지 않고 모세 같은 대언자를 세워서 알아듣기 쉬운 사람의 말로 말씀하신 것은 그 백성들을 사랑하셨기 때문입니다. 그런데 이스라엘 백성들은 자기들의 상대가 모세인 줄 알고 집요하게 그와 싸우며 그의 권위를 의심했습니다. 그 결과, 하나님의 발밑에서 나온 온역과 불로 수많은 사람들이 죽고 말았습니다.

사람 선지자를 통해 주시는 말씀을 듣기 싫어하면 온역과 불덩이가 나오는 곳으로 직접 나아가야 합니다. 오늘날 하나님께서 우리가 알아들을 수 있는 쉬운 언어로 말씀해 주시는 것은 굉장한 사랑이요 은혜입니다. 표현은 쉽고 평이할지 몰라도 그 속에는 불이 있고 영광이 있으며 능력이 있고 생명이 있습니다.

하나님은 자기 백성들에게 제한당하지 않는 분입니다. 이스라엘 자손들이 하나님을 성전에 가두어 놓았을 때, 하나님은 그 성전을 폭삭 무너뜨리시고 그들로 하여금 하나님 앞에 무릎을 꿇게 만드셨습니다. 그리고 이스라엘을 버리시고 하나님의 뜻에 적합한 다른 백성을 택하여 제사장으로 삼으셨습니다. 그 다른 백성이 바로 우리 같은 이방인 신자들입니다. 하나님은 말씀에 불순종하는 이스라엘 자손들을 버리시고 자격 없는 우리를 불러서 놀라운 구원을 이루고 계시며, 하박국이 내다보았던 하나님의 나라를 세우고 계십니다.

그러므로 우리는 절대 유다 백성들의 전철을 밟으면 안 됩니다. 절대 교만해지면 안 됩니다. 절대 자기 것을 자랑하면 안 됩니다. 오직 믿음으로만 살아야 합니다. 유다 백성들은 마치 자기들이 없으면 안 될 것처럼 교만하게 게으름을 부리고 욕심대로 살다가 멸망했습니다. 그러나 유다는 망했어도 하나님은 자신의 일을 계속 이루어 나가셨습니다. 온 바벨론이 떠들썩할 정도로 자신의 살아 계심과 영광을 드러내셨습니다. 우리도 마찬가지입니다. 하나님이 우리를 사용하고자 하실 때 기쁨으로 순종해야 합니다. 마치 내가 협조하지 않으면 하나님이 아무것도 하실 수 없는 것처럼 거드름을 부리고 교만하게 행하면 나도 모르는 사이에 버림을 받을 것이며, 하나님은 나보다 훨씬 못한 사람을 택하여 놀라운 일을 이루실 것입니다.

우리는 하나님이 얼마나 크고 위대하며 거룩한 분이신지 모르기 때문에 자꾸 자기중심적으로 생각하며 욕심을 부리고 하나님의 능력을 제한합니다. 그러나 손바닥으로 태양을 막을 수 없는 것처럼, 인간의 욕심으로 하나님의 구원과 은혜를 제한할 수는 없습니다. 욕심을 부린 당사자만 멸망할 뿐입니다.

사랑하는 여러분, 오늘 하나님은 우리를 통해 온 세상을 살리기 원하시며, 우리가 먼저 성령의 역사를 바라보며 기도하기를 원하십니다. 성령의 역사가 임하고 주의 말씀에 붙들리기만 하면 마치 불가능한 가운데서도 훌륭한 경기를 펼치는 운동선수처럼, 남들은 다 안 된다고 주저앉는 상황 속에서도 하나님의 뜻을 나타내며 위대한 믿음의 승리를 거둘 수 있습니다.

8

하나님의 놀라운 구원

하박국 3:7-19

3:7 내가 본즉 구산의 장막이 환난을 당하고 미디안 땅의 휘장이 흔들리도다.
8 여호와여, 주께서 말을 타시며 구원의 병거를 모시오니 하수를 분히 여기심이니이까? 강을 노여워하심이니이까? 바다를 대하여 성내심이니이까?
9 주께서 활을 꺼내시고 살을 바로 발하셨나이다(셀라). 주께서 하수들로 땅을 쪼개셨나이다.
10 산들이 주를 보고 흔들리며 창수가 넘치고 바다가 소리를 지르며 손을 높이 들었나이다.
11 주의 날으는 살의 빛과 주의 번쩍이는 창의 광채로 인하여 해와 달이 그 처소에 멈추었나이다.
12 주께서 노를 발하사 땅에 둘리셨으며 분을 내사 열국을 밟으셨나이다.
13 주께서 주의 백성을 구원하시려고, 기름 받은 자를 구원하시려고 나오사 악인의 집 머리를 치시며 그 기초를 끝까지 드러내셨나이다(셀라).
14 그들이 회리바람처럼 이르러 나를 흩으려 하며 가만히 가난한 자 삼키기를 즐거워하나 오직 주께서 그들의 전사의 머리를 그들의 창으로 찌르셨나이다.
15 주께서 말을 타시고 바다 곧 큰 물의 파도를 밟으셨나이다.
16 내가 들었으므로 내 창자가 흔들렸고 그 목소리로 인하여 내 입술이 떨렸도다. 무리가 우리를 치러 올라오는 환난 날을 내가 기다리므로 내 뼈에 썩이는 것이 들어왔으며 내 몸은 내 처소에서 떨리는도다.
17 비록 무화과나무가 무성치 못하며 포도나무에 열매가 없으며 감람나무에 소출이 없으며 밭에 식물이 없으며 우리에 양이 없으며 외양간에 소가 없을지라도
18 나는 여호와를 인하여 즐거워하며 나의 구원의 하나님을 인하여 기뻐하리로다.
19 주 여호와는 나의 힘이시라. 나의 발을 사슴과 같게 하사 나로 나의 높은 곳에 다니게 하시리로다. 이 노래는 영장을 위하여 내 수금에 맞춘 것이니라.

3:7-19

한국전쟁 때 우리나라가 북한군에 밀려서 겨우 낙동강 이남만 남았을 때, 맥아더 장군이 과감하게 인천상륙작전을 개시했습니다. 그것은 한국전쟁의 판도를 뒤엎는 엄청난 구원의 사건이었습니다. 자기편이 포로로 잡혀 있을 때 돈으로 한 명 한 명 빼내 오는 것은 큰 구원이라고 할 수 없습니다. 엄청난 대군을 끌고 가서 적군을 섬멸하고 모든 포로를 해방시키는 것이 큰 구원입니다.

지금 하박국 선지자는 예루살렘의 비참한 멸망을 눈앞에 두고 있습니다. 이번 전쟁에서 유다는 바벨론을 이기지 못할 것이며 예루살렘은 파괴되고 모든 백성이 포로로 잡혀간다는 것을 그는 잘 알고 있습니다. 그러나 선지자는 유다의 멸망을 넘어 더 먼 장래의 일을 내다보고 있습니다. 하나님은 예전에 이스라엘을 애굽에서 구해 내기 위해 열 가지 재앙을 내리시고 홍해를 가르신 것처럼, 다시 한 번 위대한 출애굽의 역사를 일으키실 것입니다. 하박국은 지금 그 일을 내다보며 소망 중에 기뻐하고 있습니다.

그리스도인은 눈앞에 닥친 어려움만 보면 안 됩니다. 그 뒤에 있는 하나님의 엄청난 능력과 모략과 권능을 보고 감사하며 기뻐해야 합니다.

하나님의 놀라운 구원

출애굽은 하나님께서 그 백성을 구원하기 위해 베푸신 능력이 가장 잘 나타난 사건이었습니다. 그 당시 어떤 세력도 애굽 바로의 손에서 노예들을 구출해 올 수 없었습니다. 바로는 세계에서 가장 강한 왕으로서 절대적인 군사력을 가지고 있었기 때문입니다. 그러나 하나님께서는 훨씬 더 큰 능력으로 바로를 꼼짝 못하게 묶어 놓으시고 그 손아귀에서 이스라엘 백성들을 빼앗아 오셨습니다.

오늘 말씀은 이스라엘 백성들이 홍해를 건너는 모습으로 시작되고 있습니다. "내가 본즉 구산의 장막이 환난을 당하고 미디안 땅의 휘장이 흔들리도다"(3:7).

여기에서 문제는 "구산"이 어디냐 하는 것입니다. 많은 이들은 구산이 애굽 땅을 의미한다고 생각합니다. 다시 말해서 구산은 애굽 땅이고 미디안은 홍해 건너편 광야로서, 홍해 양쪽이 다 홍해를 가르신 하나님의 능력에 놀란다는 것입니다. 또 어떤 이들은 구산과 미디안이 다 홍해 건너편 광야로서, 이스라엘이 홍해를 가르고 건넌 일이 구산과 미디안의 유목민들뿐 아니라 그 주위 모든 사람들에게 큰 충격이 되었다고 해석하기도 합니다.

구산이 어디든지 간에, 이스라엘이 애굽을 탈출해서 홍해를 건넌 것은 주위 모든 민족에게 충격적인 소식이었습니다. 만약 북한 사람들이 1,000명 정도 강을 건너 중국으로 탈출했다면 세계적으로 큰 뉴스가 될 것입니다. 그런데 이스라엘 백성은 1,000명, 2,000명이 아니라 300만 명이 홍해를 건너 애굽을 탈출했습니다. 이 소식은 주위 모든 민족을 놀라게 했습니다.

하박국 선지자는 홍해가 갈라지는 상황을 8절에서 좀더 자세하게 묘사하고 있습니다. "여호와여, 주께서 말을 타시며 구원의 병거를 모시오니 하수를 분히 여기심이니이까? 강을 노여워하심이니이까? 바다를 대하여 성내심이니이까?"

하박국 선지자는 홍해가 갈라진 일을 단순한 기적으로 묘사하지 않습니다. 그가 눈앞에 그리고 있는 것은 자기 백성을 구원하기 위해 말과 병거를 급히 몰아 홍해를 건너오시는 여호와 하나님의 모습입니다. 얼마나 급하고 맹렬하게 오시는지 마치 바다에 성을 내시는 것 같고 강에 분을 쏟으시는 것 같습니다.

예를 들어 남편이 출근한 후에 아내와 아이가 큰 위기에 처했다는 소식을 들었다고 합시다. 그 소식을 듣고서도 느긋하게 집에 갈 사람이 있겠습니까? 아마도 미친 듯이 차를 몰고 달려갈 것입니다. 신호등도 위반하고 평소에 조심조심 운전하던 위험한 곳도 거침없이 달릴 것입니다. 일분 일초도 지체할 마음의 여유가 없기 때문입니다.

이스라엘 백성들이 홍해를 건널 때 풍랑도 치고 물결도 높았던 것 같습니다. 그런데 그들이 그 거친 바다 앞에서 꼼짝달싹 못하고 있을 때, 갑자기 바다가 둘로 갈라졌습니다. 그 장면이 마치 하나님께서 미친 듯이 병거를 몰고 자기들을 향하여 달려오시는 모습 같았습니다. "내 사랑하는 백성들이 지금 위기에 처해 있다!"고 소리치면서, 강에 분을 쏟고 바다에 화를 내듯이 물을 가르며 맹렬히 달려오시는 모습 같았습니다.

이것은 시적인 표현입니다. 이스라엘 백성들은 그 장면을 보고 단순하게 '기적이 일어났구나' 라고 생각하지 않았습니다. 그 속에서 자신들을 향해 맹렬히 달려오시는 하나님의 모습을 보았습니다. 예를 들어 어떤 어머니가 열이 펄펄 끓으며 헛소리를 하는 아이를 위해 기도했다고 합시다. 우리 아이 좀 살려 달라고 간절히 기도하는데 갑자기 열이 툭 떨어질 때, "이제 열 떨어졌네" 하면서 아무 생각 없이 넘어가겠습니까? 자신의 기도 소리에 급히 달려오셔서 아이의 머리에 손을 얹으시는 하나님의 모습을 떠올리지 않겠습니까?

9절은 번역하기 어려운 말씀입니다. "주께서 활을 꺼내시고 살을 바로 발하셨나이다. 주께서 하수들로 강을 쪼개셨나이다."

"주께서 활을 꺼내시고"에 해당하는 원문은 '당신의 화살을 벗기시는 것처럼 벗기시고' 입니다. 아마 옛날에는 화살통을 헝겊 같은 것으로 덮어 두었던 것 같습니다. 그런데 하나님께서는 그 헝겊을 벗겨서 언제든지 화살을 쏠 수 있는 자세를 취하셨다는 것입니다. 총을 쏘거나 수류탄을 던지려면 미리 안전핀을 풀어 놓아야 하듯이, 하나님께서 화살통의 헝겊을 벗겨 놓으셨다는 것은 '내가 지금까지는 참고 있었지만 이제부터는 무한대로 화살을 날리겠다. 인정사정 없이 화살을 날려서 내 백성을 지켜 내겠다' 고 결심하셨다는 뜻입니다.

"살을 바로 발하셨나이다"라는 표현은 더 번역하기가 어렵습니다. 원문에는 '맹세, 막대기, 말하다' 라는 세 단어만 나오기 때문입니다. 그러니까 직역하면 '맹세한 대로 막대기가 말을 한다' 가 되는데, 이것만 보아서는 도무지 무슨 뜻인지 알 수가 없습니다.

우리 성경은 상당히 의역해서 화살을 시위에 메긴 후 지체치 않고 바로 활을 쏘았다는 의미로 번역해 놓았습니다.

그런데 영어 성경 중에는 이 구절을 '그 지파에게 맹세하신 대로' 라고 번역한 것이 있습니다. 즉, 하나님이 이토록 급히 이스라엘을 구원하신 것은 그 조상에게 맹세하신 말씀 때문이라는 것입니다. 저는 이 영어 성경의 번역이 원문에 가까울 뿐 아니라 성경의 정신에도 더 가깝다고 생각합니다. 다시 말해서 지금 하박국이 노래하는 초점은 하나님이 활을 꺼내서 얼마나 빨리 쏘시느냐에 있는 것이 아니라, 이 구원이 하나님의 약속에 따라 신실하게 이루어졌으며 이처럼 하나님은 한번 약속하시면 무슨 일이 있어도 이루신다는 데 있는 것입니다.

하나님은 반드시 약속을 지키십니다. 우리가 보기에는 지체되는 것 같아도 때가 되면 마치 화살통의 덮개를 벗겨 화살을 쏘는 것처럼 신속히 역사를 일으키십니다. 예를 들어 엘리야 때 3년 반 동안 비가 한 방울도 오지 않았습니다. 그런데 엘리야가 간절히 기도하자 구름 한 점 없던 하늘에 즉시 먹구름이 생겨나고 비가 쏟아졌습니다.

하나님의 때가 이르렀을 때 나타나는 현상이 무엇입니까? 하나님의 백성들이 약속을 기억하고 기도하기 시작하는 것입니다. 성도들이 부르짖으면서 기도하기 시작하면 하나님이 역사를 일으키실 때가 다 되었음을 알 수 있습니다. 때가 이르기 전에는 아무리 기도하자고 촉구해도 기도하지 않습니다. 일으켜 세우면 쓰러지고, 일으켜 세우면 또 쓰러집니다. 그런데 하나님의 때가 되면 시키지 않아도 성도들이 말씀을 사모하기 시작하고 기도하기 시작합니다.

그렇다면 그 때를 앞당길 수도 있을까요? 앞당길 수도 있습니다. 우리가 하나님의 약속을 전적으로 믿을 때, 하나님은 그 기간을 단축시켜 주십니다. 하나님의 시간표에는 때가 아직 이르지 않았다 하더라도, 우리가 믿음에 굳게 서서 의심을 물리치고 의지하면 때를 앞당겨 주십니다.

이스라엘 백성들은 홍해 앞에서 어려운 처지에 빠져 있었습니다. 마치 독 안에 든 쥐처럼 빠져 나올 길이 없었습니다. 그런데 그들이 부르짖으며 기도했을 때, 급하게 바다가 갈라졌습니다. 하나님이 신속히 활을 쏘아서 그들을 구원해 주셨습니다. 언제 이러한 구원이 일어납니까? 하나님의 백성들이 말씀을 기억하고 기도하기 시작할 때, 합심해서 부르짖기 시작할 때입니다. 아무리 부정적인 상황에서도 믿음으로 나아갈 때, 하나님의 일정표에 계획된 기간이 단축되면서 구원의 역사가 신속히 일어납니다.

9절 하반절부터 10절까지 보십시오. "주께서 하수들로 땅을 쪼개셨나이다. 산들이 주를 보고 흔들리며 창수가 넘치고 바다가 소리를 지르며 손을 높이 들었나이다."

이것은 이스라엘 백성들이 홍해를 건넌 후에 바다가 다시 합쳐지는 장면을 노래한 구절입니다. 하수가 갈라졌지만, 그 한 번의 기적으로 모든 위험이 해결된 것은 아니었습니다. 갈라진 바닷길을 통해 애굽 군대가 추격해 오고 있었기 때문입니다. 그때 무슨 일이 일어났습니까? 모세가 다시 지팡이로 바다를 가리키니, 바다가 높이 치솟았습니다. 마치 손을 흔들면서 "뒷일은 우리에게 맡기라"고 말하듯이 높이 치솟아 하나로 합쳐지면서 애굽 군대를 몰살시켜 버렸습니다.

우리는 얼마나 연약한 존재들인지 한 번의 기적으로는 살아날 수가 없습니다. 그래서 하나님은 거듭거듭 능력을 베풀어 주십니다. 이스라엘의 기도 소리에 바다가 화답했습니다. 마치 손을 흔들듯이 치솟아 합쳐지면서 애굽 군대를 몰살시켜 버렸습니다. 이것이 중요합니다. 원수가 경찰서에 붙들려 가는 것만으로는 충분치 않습니다. 풀려나면 몇 배나 더 괴롭힐 것이기 때문입니다. 그러나 하나님의 구원은 확실합니다. 애굽 군대를 갈라진 바다 속에 처넣어서 다시는 이스라엘 백성들을 괴롭히지 못하게 하셨습니다.

보잘것없는 인간이 하나님의 말씀을 대언했는데도 그 효과가 전혀 감소되지 않았다는 것은 놀라운 일입니다. 모세는 특히 어눌한 사람이었습니다. 그런데 그 어눌한 사람이 대언한 하나님의 말씀 앞에 바다가 갈라지기도 하고 다시 합쳐지기도 했습니다.

지금 하박국 선지자가 확신하고 있는 바가 무엇입니까? 유다는 이번 전쟁에서 승리하지 못하고 무너질 것입니다. 그러나 이스라엘을 구원하신다는 하나님의 약속은 반드시 성취될 것입니다. 그들이 어디로 포로 되어 가든지 말씀으로 원수들을 내리치시고, 인천상륙작전 같은 위대한 구원의 역사로 그 백성을 이끌어 내실 것입니다.

11절은 가나안 땅에 나타났던 하나님의 능력을 묘사하고 있습니다. "주의 날으는 살의 빛과 주의 번쩍이는 창의 광채로 인하여 해와 달이 그 처소에 멈추었나이다."

이스라엘 백성들이 기브온과 아얄론 골짜기에서 가나안 사람과 싸워 승리를 눈앞에 두고 있었을 때, 안타깝게도 해가 지려 했습니다. 그 순간을 놓치면 다시 그들을 공격하기 힘들었습니다. 그래서 여호수아가 부르짖으며 기도하자 하나님이 화살을 꺼내어

쏘셨고, 그 화살의 광채에 놀란 태양이 그대로 하늘에 멈추어 섰습니다.

물론 이것도 시적인 표현입니다. 이 시적인 표현을 통해서 하박국이 보여 주고자 하는 것은 자기 백성의 편에 서서 친히 활을 쏘시고 창을 던지시는 하나님의 모습입니다.

결국 하박국 선지자가 내다보고 있는 것이 무엇입니까? 두 번째 출애굽이라고 해야 할 만큼 놀라운 하나님의 구원 사건입니다. 비록 지금은 유다가 포로로 잡혀 바벨론으로 끌려가지만, 하나님이 다시 한 번 큰 역사를 일으켜 약속의 땅으로 돌아오게 하실 것을 그는 내다보았습니다.

그렇다면 두 번째 출애굽이란 구체적으로 무엇입니까? 바벨론에서 탈출하는 것입니까? 아닙니다. 실제로 이스라엘 백성들이 바벨론에서 돌아왔을 때에는 바다도 갈라지지 않았고 태양과 달도 멈추지 않았습니다. 두 번째 출애굽은 예수께서 갈보리 언덕에서 십자가에 못 박히셨을 때 일어났습니다.

예수님의 십자가 사건은 사상 최대의 작전이었습니다. 죄의 노예로 살고 있는 택함받은 백성들을 탈출시키는 대구원의 역사였습니다. 하나님의 아들이 십자가에 못 박혀 죽으신 것은 홍해가 갈라진 일보다, 태양과 달이 멈춘 일보다 훨씬 더 위대한 사건이었습니다. 이 사건을 통해 사탄은 그 권좌에서 쫓겨났고, 사람들은 눈에 보이지 않는 홍해를 건너 하나님 나라로 탈출했습니다.

그런데 문제는 인간이 그 사실을 깨닫지 못한다는 것입니다. 하늘에 있는 천사들도 "이 엄청난 구원을 보라!" 하면서 놀라고 지옥에서도 "이제 우리는 확실히 망했구나!" 하면서 놀라는데, 땅 위에 있는 사람들만 그것을 모릅니다.

12절부터 15절은 원수를 내리치시는 하나님의 능력을 노래하고 있습니다. "주께서 노를 발하사 땅에 둘리셨으며 분을 내사 열국을 밟으셨나이다. 주께서 주의 백성을 구원하시려고, 기름 받은 자를 구원하시려고 나오사 악인의 집 머리를 치시며 그 기초를 끝까지 드러내셨나이다. 그들이 회리바람처럼 이르러 나를 흩으려 하며 가만히 가난한 자 삼키기를 즐거워하나 오직 주께서 그들의 전사의 머리를 그들의 창으로 찌르셨나이다. 주께서 말을 타시고 바다 곧 큰 물의 파도를 밟으셨나이다."

이 구절들은 하나님이 자기 백성을 억압하고 괴롭히는 악의 세력에 얼마나 진노하시는지 잘 보여 줍니다. "주의 백성"과 "기름 받은 자"는 모두 하나님의 영원한 소유로 인침받은 자들을 가리킵니다. 서부영화를 보면 목장 주인이 자기 집의 소나 말의 엉덩이에 낙인을 찍어서 자기 소유임을 표시하는 장면이 나옵니다. 그처럼 하나님도 자기 백성들에게 성령을 부어서 표시를 해 놓으십니다. 그리고 그들을 잠시 훈련시키기 위해 세상 사람들의 손에 맡기시는데, 그들이 도를 넘어 심하게 핍박할 때 직접 싸우기 위해 나서십니다.

"땅에 둘리셨으며"라는 것은 땅을 밟으셨다는 뜻입니다. 즉, 이제부터 하나님의 위대한 역사가 시작된다는 것입니다. 하나님이 악인을 치실 때 어떻게 하십니까? 다른 데가 아닌 머리를 치십니다. 뒷다리가 아닌 정수리를 쳐서 단숨에 힘을 꺾어 버리십니다. 집의 기초를 부수어서 완전히 무너뜨려 버리십니다.

하나님이 성도들에게 고난을 주시는 것은 겸손하게 만들기 위해서입니다. 너무 사랑만 받으면 자기가 최고인 줄 알고 매사에 자기중심적으로 생각하며 세상을 우습게 아니까 악한 세력의 손에 맡겨서 혹독한 어려움을 겪게 하시는 것입니다. 그래서 '세상이 결코 쉬운 곳이 아니구나. 하나님이 아무리 나를 사랑하셔도 방자하게 굴면 안 되겠구나' 하면서 겸손을 배우게 됩니다. 처음 예수 믿은 사람은 마치 세상을 다 뒤집을 듯 설쳐 대기 쉽습니다. 그러나 이런 과정을 겪고 나면 세상이 그렇게 호락호락한 곳이 아니라는 것과 자신은 하나님의 도움 없이 단 한 순간도 살 수 없는 존재라는 것을 깨닫게 됩니다.

그 후에는 어떻게 하십니까? 성도를 괴롭히던 악한 세력의 머리를 창으로 찔러 버리십니다. 악한 세력은 너무나 교활하기 때문에 다른 데를 찔러서는 이길 수가 없습니다. 뱀과 싸울 때 꼬리를 밟거나 몸통을 밟으면 오히려 더 물리는 것과 같습니다. 뱀은 머리를 쳐야 합니다. 그래야 잡을 수 있습니다.

사탄은 이럴 때는 이 말 하고 저럴 때는 저 말 하기 때문에 정체를 밝혀 내기가 어렵습니다. 그런데 하나님의 백성들이 말씀을 붙들고 진실하게 대응하다 보면 어느 순간에 뱀의 머리가 확 드러나는 순간이 있습니다. 본질이 드러나는 것입니다. 그때 딱 찔러야 합니다. 겉으로 하는 말만 가지고 싸우거나 혈기로 싸우면 절대 이길 수가 없습니다. 사탄은 전문적인 거짓말쟁이이기 때문에 세상의 지혜로는 이길 수가 없습니다. 하나님의 지혜로 싸워야 합니다.

구원을 기다리는 마음

예루살렘의 멸망과 그 후에 있을 하나님의 구원을 기다리는 하박국의 심정은 어떻습니까? 당장 그의 눈앞에 있는 현실은 구원이 아니라 멸망입니다. 그는 마치 큰 수술을 기다리는 환자처럼, 한순간 한순간 다가오는 예루살렘의 멸망 앞에서 느끼는 두려움과 불안을 있는 그대로 표현하고 있습니다. "내가 들었으므로 내 창자가 흔들렸고 그 목소리로 인하여 내 입술이 떨렸도다. 무리가 우리를 치러 올라오는 환난 날을 내가 기다리므로 내 뼈에 썩이는 것이 들어왔으며 내 몸은 내 처소에서 떨리는도다"(3:16).

"내 창자가 흔들렸고"라는 것은 멸망의 소식 앞에 온 내장이 다 흔들렸다는 뜻입니다. 하박국의 이 떨림은 일시적이고 외적인 충격에서 나온 것이 아니라 깊은 내면의 인식에서 나온 것입니다. 다른 사람들은 '우리는 절대 망하지 않는다' 라고 낙관적으로 생각하고 있는데, 하박국 혼자서만 온몸에 식은땀을 흘리며 두려워하고 있습니다.

"내 입술이 떨렸도다"라는 것은 너무 두려워서 말이 나오지 않았다는 뜻입니다. 여기에서 "그 목소리"는 하나님의 목소리를 가리킵니다. 예루살렘의 멸망을 말씀하시는 하나님의 목소리를 들은 하박국은 창자가 흔들리고 입술이 떨려서 아무 말도 할 수가 없었습니다. 왜 남들은 아무 문제도 느끼지 못하는데 하박국 혼자서만 이렇게 고통스러워하고 있습니까? 하박국 혼자서만 문제의 실상을 정확하게 보고 있기 때문입니다.

우리는 이와 비슷한 모습을 십자가를 앞두고 겟세마네 동산에서 기도하신 예수님에게서 찾아볼 수 있었습니다. 제자들은 상황이 어떻게 돌아가고 있는지 모르고 있었습니다. 무언가 일이 좀 꼬이는 것 같기는 하고 기분은 좋지 않았지만, 그렇다고 두렵다거나 목숨 걸고 기도해야 한다는 생각까지는 들지 않았습니다. 그러나 예수님은 땀이 핏방울처럼 떨어질 정도로 결사적으로 기도하셨습니다. 산모가 온몸으로 진통하듯이 애쓰며 기도하셨습니다. 그 이유가 무엇입니까? 예수님은 십자가를 진다는 것이 그리 간단한 일이 아님을 알고 계셨던 것입니다. 자신이 십자가를 져야 모든 사람들이 구원을 받을 수 있는데, 십자가를 지지 못하도록 방해하는 장애물이 너무 많았습니다. 사실 십자가를 제대로 질 가능성은 0.001퍼센트도 안 된다고 할 수 있었습니다. 더욱이 예수님 자신조차 십자가를 지기 싫었습니다. 그래서 이 문제를 놓고 결사적으로 기도하셨습니다.

테러범들이 빌딩 안에 폭탄을 설치해 놓았는데, 단 한 사람의 전문가만 그 사실을 알고 있다고 합시다. 얼마나 피가 마르겠습니까? 이 폭탄이 터지면 수천 명, 수만 명이 죽습니다. 그런데 그 사실을 아는 사람은 자기 자신뿐입니다. 남들은 전부 쇼핑을 하거나 느긋하게 커피 마시고 있는데 이 사람 혼자서만 온몸에 식은땀을 흘리며 폭탄을 찾아다닙니다. 그리고 악당들은 계속 그를 따라다니면서 방해합니다. 그럴 때 전문가는 '하나님, 도와주십시오! 제발 폭탄을 찾게 해 주십시오! 꼭 찾아서 해체하게 해 주십시오!' 라는 절실한 심정으로 계속해서 폭탄을 찾아다닐 것입니다. 예수님의 심정이 바로 그런 것이었습니다. 그래서 얼마나 애를 쓰며 기도하셨는지 천사가 와서 붙들어 드려야 할 정도였습니다.

아무 사정도 모르는 사람은 두려워할 필요도 없고 걱정할 필요도 없습니다. 그러나 세상이 지금 하나님 앞에서 얼마나 많은 진노의 죄를 쌓고 있으며 하나님이 이 세상에 대해 어떤 생각을 가지고 계신지, 그리고 어떻게 해야 사람들이 살아날 수 있는지 아는 사람은 마치 아이를 낳는 산모처럼 진통하며 기도할 것입니다. 저들을 긍휼히 여겨 달라고, 용서해 달라고, 구원을 베풀어 달라고 간절히 매달릴 것입니다. 두려워서 창자가 꼬이고 입술이 덜덜 떨릴 것입니다.

이것을 통해 알 수 있는 사실이 무엇입니까? 믿음을 가진 사람에게 하나님의 말씀은 실재라는 것입니다. 하박국은 예루살렘이 망한다는 하나님의 말씀을 있는 그대로 받아들였고, 그래서 온 창자가 떨릴 정도로 두려워했습니다. 말씀을 믿지 않는 사람들은 '예루살렘은 안전하다'고 믿고 편안하게 지냈습니다. 그러나 하박국은 뼈에 고름이 차서 썩어 가는 사람처럼 벌벌 떨었습니다.

이것은 큰 역설입니다. 말씀에 불순종하는 자들은 전혀 고통을 느끼지 못하는데, 말씀을 믿는 사람만 몸을 가눌 수 없을 정도로 심한 고통을 겪습니다. 너무 억울하지 않습니까? 세상 사람들은 놀면서 즐겁게 지내는데, 우리는 내 죄뿐 아니라 그들의 죄까지 회개하느라 창자가 다 끊어지는 것입니다. 그러나 그것이 사는 길입니다. 그렇게 기도하는 사람을 통해 하나님은 죄를 덮어 주기도 하시고, 재앙을 물리쳐 주기도 하시며, 재앙의 기간을 단축시켜 주시기도 합니다.

영국의 로이드 존즈 목사님은 목사가 되기 전에 심장 전문의로 일했습니다. 그는 예수님의 죽음에 대해 깊이 생각했습니다. 예수님이 어떻게 그렇게 빨리 돌아가셨는지, 그리고 로마 군인이 옆구리를 찔렀을 때 왜 물과 피가 같이 흘러 나왔는지 살펴보았습니다. 결국 그가 내린 결론은 예수님이 심장 파열로 돌아가셨다는 것입니다. 다시 말해서 못에 박혀 서서히 죽어 가는 엄청난 육신의 고통 때문에 돌아가신 것이 아니라 그 몇십 배, 몇백 배에 이르는 정신적인 고통으로 심장이 터져서 돌아가셨다는 것입니다. 아마도 예수님은 마음에 성령이 전혀 역사하시지 않는 지옥의 고통과 하나님의 진노 앞에 심장이 터질 정도의 충격을 받으셨던 것 같습니다.

우리도 그렇게 하나님의 진노를 경험할 때가 있습니다. 언제 그렇습니까? 죄를 짓고서도 회개하지 않아서 하나님이 마음의 평안을 전부 거두어 가실 때입니다. 어려움이 닥쳤는데도 하나님이 도와주시지 않는다는 생각이 들 때 얼마나 두렵고 무서운지 모릅니다. 몸이 덜덜 떨리고 코에서 지옥 유황불 냄새가 올라옵니다. 예를 들어 꽤 오랫동안 기도도 하지 않고 말씀에 불순종하는 생활을 하고 있는데, 밤에 도둑이 들었을 때 남들은 전부 재수없다고 생각하고 넘어가도 본인은 그렇게 넘어갈 수가 없습니다. '내가 완전히 무방비 상태에 있었구나! 도둑이 찌르면 꼼짝없이 죽을 수밖에 없는 순간이 나에게 있었구나! 완전히 위험에 노출된 순간이 있었구나!' 하는 생각이 들면서 온몸이 덜덜 떨려옵니다. 그 사람이 볼 때에는 도둑이 찾아온 것이 아니라 하나님이 찾아오신 것입니다. 결국 그는 눈물을 흘리며 회개하지 않을 수 없습니다.

하박국은 이런 심정을 "내 몸은 내 처소에서 떨리는도다"라고 표현했습니다. 여기에서 "내 처소"는 '내 아랫부분'으로 번역될 수 있습니다. 다시 말해서 아랫도리가 어찌나 떨리는지 그대로 주저앉을 것 같다는 것입니다.

하나님께서 왜 하박국에게 이런 두려움과 절망을 주셨을까요? 철저하게 하나님만 의지하게 하시기 위해서입니다. 인간에게 철저하게 실망하고 환멸을 느끼지 않으면 자꾸 미련을 가지고 기대를 품게 됩니다. 사람은 그냥 인사치레로 희망적인 이야기를 할 때가 많습니다. 누가 "취직자리 한번 알아보지요"라고 말하면 거기에 온 희망을 걸고 하루종일 전화기 앞에 앉아서 기다리는데, 사실 책임지고 자기 말을 지키는 사람은 그리 많지 않습니다. 하나님은 하박국의 떨림을 통해 사람을 절대 의지하지 말라고 말씀하십니다.

사람들을 바라보면서 그렇게 실망했던 하박국이 하나님을 바라보았을 때 희망이 생겨났습니다. "비록 무화과나무가 무성치 못하며 포도나무에 열매가 없으며 감람나무에 소출이 없으며 밭에 식물이 없으며 우리에 양이 없으며 외양간에 소가 없을지라도 나는 여호와를 인하여 즐거워하며 나의 구원의 하나님을 인하여 기뻐하리로다"(3:17-18).

무화과나무와 포도나무와 감람나무는 가나안의 축복을 상징하는 3대 나무입니다. 그러니까 이 세 나무에 열매가 없다는 것은 가나안 땅에 있는 모든 축복을 빼앗긴다는 뜻입니다. 지금 유다를 기다리고 있는 것이 무엇입니까? 현실에서 누리고 있는 모든 축복을 빼앗기는 일입니다. 그들이 그토록 자랑하던 무화과나무와 포도나무와 감람나무의 열매를 전부 빼앗길 뿐 아니라 밭에서도 소출을 거두지 못할 것이며, 우리의 양과 외양간의 소도 빼앗길 것입니다. 그야말로 아무것도 남지 않을 것입니다.

직장도 잃고 살던 집도 빼앗기고 지금까지 누렸던 명성과 신뢰도 하루아침에 잃는다면 그 심정이 어떻겠습니까? 아마 계속 살아야 할 이유를 찾지 못할 것입니다. 그런데 하박국 선지자는 그런 상황 속에서도 "나는 여호와를 인하여 즐거워하며 나의 구원의 하나님을 인하여 기뻐하리로다"라고 노래하고 있습니다.

"여호와를 인하여"라는 것은 '여호와 안에서'라는 뜻입니다. 사람에게 기대를 걸면 실망하게 되어 있습니다. 왜 사람에게 기대했다가 실망하고 미워하고 싸웁니까? 예루살렘에 철저하게 실망한 하박국은 하나님만 바라보았습니다. 그랬더니 그 안에서 기쁨이 생겨나기 시작했습니다. 그것은 아무 이유 없는 기쁨이었습니다.

사람들의 기쁨에는 다 이유가 있습니다. 돈을 많이 벌어서, 승진해서, 좋은 차를 사서 기뻐하는 것입니다. 그러나 하나님 안에서 누리는 기쁨에는 이유가 없습니다. 도무지 기쁠 이유가 없는데, 부도가 났는데, 승진에서 누락되었는데, 병들어 입원했는데 이상하게 기쁨이 솟아납니다. 그 기쁨을 베드로 사도는 "말할 수 없는 영광스러운 즐거움"(벧전 1:8)이라고 표현했습니다.

세상에 있는 것은 다 잃었지만 그 빈 공간을 하나님이 꽉 채우십니다. 그래서 외양간에 소가 없는데도 기쁩니다. 우리에 양이 없는데도 기쁩니다. 무화과나무나 포도나무나 감람나무에 열매가 없는데도 기쁩니다. 하나님이 직접 성령으로 기쁨을 주시기 때문입니다.

세상이 주는 기쁨은 간접적인 기쁨입니다. 직접적인 기쁨은 하나님이 내 마음에 채워 주시는 기쁨입니다. 유다 백성들은 하나님의 언약을 어김으로서 가나안 땅의 축복을 잃어버렸습니다. 그런데 그들은 가나안 땅을 빼앗기고 난 뒤에 오히려 다시 하나님을 바라봄으로써 가나안 땅보다 크신 하나님을 되찾게 되었습니다.

우리가 세상에서 누리는 것들은 다 구원의 결과물들입니다. 세상이 준 것이 아니라 하나님이 구원의 선물로 주신 것입니다. 이 사실을 깨닫지 못하는 사람은 양극단으로 치우치게 되어 있습니다. 한쪽 극단은 세상에서 누리는 것들을 하나님이 주신 것이 아니라 자신이 번 것으로 생각해서 하나님이 축복하시면 축복하실 수록 점점 더 하나님으로부터 멀어지는 태도입니다. 반대쪽 극단은 세상의 축복을 전부 죄악시해서 멀리하고 부정하는 태도입니다. 이런 태도를 가진 사람은 세상에서 아무 일도 할 수가 없습니다.

우리가 알아야 할 사실은 우리가 누리는 모든 것이 구원의 선물이기 때문에 결코 구원과 바꾸거나 대체해서는 안 된다는 것입니다. 우리도 얼마든지 세상에서 하나님이 주시는 것들을 누릴 수 있습니다. 그러나 죄를 지으면서까지 그것들을 누리려 할 때 결국은 모든 것을 잃게 될 것입니다.

하박국이 발견한 사실이 무엇입니까? 세상의 소유를 전부 잃는 일보다 구원의 기쁨을 되찾는 일이 훨씬 더 중요하다는 것입니다. 왜냐하면 하나님이 친히 나의 재산이 되어 주시고 건강이 되어 주시고 능력이 되어 주시기 때문입니다. 하나님 안에는 가나안 땅보다 더 큰 풍성함이 있습니다. 그러므로 어디로 끌려가든지 하나님만 바라보면 능력 있는 삶을 살 수 있다는 것이 하박국이 내린 결론이었습니다.

하박국의 소망

하박국 선지자는 지금까지 하나님을 예루살렘이라는 장소에 국한시켜 생각했기 때문에 예루살렘에 집착했습니다. 그러나 그 예루살렘에 철저하게 실망하고 하나님을 바라보았을 때 온 세상을 구원하시는 하나님의 능력을 보게 되었습니다. "주 여호와는 나의 힘이시라. 나의 발을 사슴과 같게 하사 나로 나의 높은 곳에 다니게 하시리로다"(3:19).

"주 여호와는 나의 힘이시라"는 것이 무슨 뜻입니까? 예루살렘이 멸망하는 것은 결코 하나님의 능력이 부족해서가 아니라는 것입니다. 선지자는 지금까지 왜 예루살렘이 망해야 하는지 이해하지 못했습니다. 하나님이 그토록 능력 있는 분이신데 왜 예루살렘을 망하게 하시는지 이해하지 못했어요. 하나님은 언약에 충실하신 분입니다. 그러나 유다 백성들은 그 언약대로 살지 못했습니다. 이제 그들이 하나님의 축복을 되찾으려면 예루살렘이 망해서 가나안의 축복을 잃어버려야 한다는 사실을 하박국은 깨달았습니다.

하나님이 왜 유다 백성들을 바벨론이라는 깊은 수렁에 던지십니까? 아무리 깊은 수렁에 빠져 있어도 건져 내실 능력이 있기 때문입니다. 애굽에 노예로 잡혀 있든 바벨론에 포로로 잡혀 있든 세계 어느 곳에 흩어져 있든, 출애굽 때보다 몇십 배, 몇백 배 더 강력한 구원의 역사를 베풀어 건져 내실 능력이 있기 때문입니다. 그것을 믿었기 때문에 하박국은 "주 여호와는 나의 힘이시라"라고 고백할 수 있었습니다.

장난꾸러기 아이가 심심해서 기계를 분해하는 경우와 기술자가 계획을 가지고 기계를 분해하는 경우는 완전히 다릅니다. 아이들이 기계를 분해하면 회복시킬 수 없을 정도로 망가뜨려 놓지만, 기술자가 분해하면 원래보다 훨씬 더 좋은 상태로 고쳐 놓습니다. 의사도 마찬가지입니다. 돌팔이 의사는 사람의 몸에 칼을 대 놓고 수습하지 못하지만, 전문기술을 가진 의사는 아무리 몸에 깊은 상처를 내도 결국에는 온전히 고쳐 놓습니다.

"주 여호와는 나의 힘이시라"라는 것은 아무리 하나님이 나를 심하게 망가뜨리신다 해도 결국에는 원래보다 훨씬 나은 모습으로 회복시키실 수 있다는 고백입니다. 이스라엘이 포로가 되어 바벨론으로 잡혀가고 전 세계로 흩어져도, 하나님은 반드시 그들을 다시 모아 더 완전하고 강력한 나라로 회복시키실 것입니다. 사람들이 보기에 지금 내 모습이 완전히 해체되어 있으며 수습이 불가능할 정도로 곤경에 빠져 있다 하더라도 여호와는 나의 힘이십니다. 하나님은 그 모든 상황을 수습하실 수 있습니다. 나를 더 순수하고 건강한 모습으로 회복시키실 수 있습니다.

지금 하박국은 어디에 있습니까? 처음 하나님께 질문할 때에는 망대에 서서 안절부절못하고 있었습니다. 그러나 지금은 사슴처럼 높은 곳을 뛰어다니고 있습니다. 사람들은 상상도 할 수 없는 저 높은 곳에서 몇십 년, 몇백 년 뒤에 이루어질 일을 내다보며 기쁨으로 감사의 찬양을 드리고 있습니다. 산 밑에서는 온갖 들짐승들이 서로 물고 뜯고 싸우고 있습니다. 그러나 하박국은 믿음으로 현실을 뛰어넘어 먼 미래를 내다보고 있습니다.

우리도 눈앞에 있는 문제를 붙들고 답답해하는 데서 벗어나 저 높은 곳에서 하나님의 구원을 바라볼 필요가 있습니다. 지금 하박국이 보고 있는 미래가 무엇입니까? 하나님의 아들이 오셔서 십자가에 못 박혀 죽으시고 사망의 권세를 깨뜨리신 후에 이른 비와 늦은 비같이 성령을 쏟아 부으시는 세상입니다. 우리는 하박국이 그토록 고대했던 세상에 살고 있으며 그 축복을 누리고 있습니다. 우리 안에 성령의 능력이 있습니다. 주님의 이름을 부르기만 하면 그 어떤 어려움도 이겨낼 수 있으며, 출애굽을 능가하는 위대한 구원의 역사를 일으킬 수 있습니다.

눈을 들어 먼 미래를 내다봅시다. 독수리처럼 높이 올라가 땅에서는 보이지 않는 먼 곳을 바라보면서, 하나님이 행하실 구원을 기뻐하며 찬송합시다.

소선지서 강해설교
하박국: 하나님은 왜 악을 허용하시는가?
Why Does God Allow the Evil?

지은이 김서택
펴낸곳 주식회사 홍성사
펴낸이 정애주
국효숙 김의연 김준표 박혜란 손상범
송민규 오민택 임영주 차길환

2004. 12. 3. 초판 발행 2016. 4. 11. 8쇄 발행
2022. 10. 11. 개정판 1쇄 인쇄 2022. 10. 20. 개정판 1쇄 발행

등록번호 제1-499호 1977. 8. 1.
주소 (04084) 서울시 마포구 양화진4길 3 전화 02) 333-5161 팩스 02) 333-5165
홈페이지 hongsungsa.com 이메일 hsbooks@hongsungsa.com
페이스북 facebook.com/hongsungsa
양화진책방 02) 333-5163

ISBN 978-89-365-1540-9 (03230)